99%が知らないSNSの新しい稼ぎ方

「サブスクP2C」というすごいビジネス

新井 亨
株式会社RAVIPA代表取締役社長／
P2Cビジネスプロデューサー

フォレスト出版

はじめに

年間数億円稼ぐYouTuberとやめていくYouTuberの違い

2023年、「進研ゼミ小学講座」の調査によると、小学生がなりたい職業の第1位が「YouTuber」であることが公開されました。調査を始めてからなんと4年連続の第1位だといいます。

今や小学生もタブレットやスマートフォンを持つ時代。幼いころからYouTuberの活躍を見て憧れる子も多いのでしょう。現在でも新たなYouTuberは生まれ続けており、数千万～数億円稼ぎ出すトップYouTuberがいるのもたしかです。

しかしその一方で、チャンネルを閉鎖したり、配信をやめてしまうYouTuberも多くいます。その多くが「YouTuberドリームを目指して参入してきたけれど、他者と差別化ができず、あえなく撤退」また、「広告収入が激減したことで、そもそもYouTubeだけでは食べていけない」人も多くいます。

年間数億円稼げるYouTuberと、やめていくYouTuber。

いったい両者にはどんな違いがあるのでしょうか？

その大きな違いは、「広告収入以外に定期的な売上の柱を持っているか否か」にあります。

つまり、広告収入に依存しないビジネスモデルを確立している人だけが、YouTuber界で生き残り、もっといえば「一人勝ち」状態をキープしているのです。

その差は、「別の稼ぎ方を知っているかどうか」だけなのです。知っている者だけが稼ぎ続け、やり方を知らない者は収益がジリ貧になり、チャンネル閉鎖へと追い込まれているのです。99％の人が稼ぎ方を知らないというのが現状です。
この書籍では、一人勝ちができる方法についてお伝えします。

SNS発信者しかできない「新しい稼ぎ方」
――「サブスクP2C」という最強ビジネスモデル

ご紹介が遅くなりました。はじめまして。私は、株式会社RAVIPA（2024年1月、東京証券取引所プロマーケット市場へ新規上場）、サブスクD2C総研株式会社を経営する、新井《あらい》亨《とおる》と申します。

2021年11月に刊行した『「サブスクD2C」のすごい売り方』の著者であり、サブスクビジネスで年商10億円を達成した一人でもあります。

前著を出版したときから、社会は大きく変動しました。特にコロナ禍は多くの業界に大きなインパクトを与えました。

それは、YouTuberも例外ではありません。YouTubeを始める人が増えたことで、広告収入が激減し、それがYouTuberの広告収入にも打撃を与えたのです。この傾向は、おそらく今後も続くでしょう。

すなわち、これからインフルエンサー、特にYouTuberを始めようとする方々は、こうした厳しい状況で戦わなければならない、ということになります。

しかし、私はそんな状況だからこそ、インフルエンサーやYouTuberにしかできない「新しい稼ぎ方」があるのではないかと思い、これまで多くのインフルエンサーやYouTuberの収益化サポートを行なってきました。その売上は累計100億円以上となり、おかげさまで東京証券取引所へ上場することができました。

そんな私が、YouTuberたちに伝えてきたのが、「サブスクP2C」というビジネスです。この方法を知れば、一気にライバルを引き離し、圧倒的な成果を出すことが可能です。

本書では、このサブスクP2Cの成功事例、さらに、なぜサブスクP2Cをやるべきなのか、またYouTuberやインフルエンサーが陥りがちな「落とし穴」にまで広く解説していきます。

本書をきっかけに、「サブスクP2C」の魅力とメリットに気づき、多くの方が実践されることを願っています。

なお、本書では、YouTuberを軸にお伝えしていきますが、フォロワー数1000以上のSNS発信者であれば、誰でもお役立ていただける内容になっています。本業としてはもとより、副業インフルエンサーとして活動したいと考えている人もぜひ読み進めていただけたら幸いです。

99%が知らないSNSの新しい稼ぎ方
CONTENTS

第2章

稼げるインフルエンサーは、何をしているのか？

第3章 ファンをよく見て、ファン層に合った商品を逆算する

第4章

「サブスクP2C」なら、初めてでも一人でも成功できる

――「サブスクP2C」の始め方

第5章 P2Cはサラリーマンでも大きく稼ぐ可能性を持っている

第6章 ファンはより濃いコミュニケーションを求めている

第7章

商品プロデュースは全部外注できる

第8章

サブスクP2C事業でYouTuberが陥る罠

装幀◎河南祐介（FANTAGRAPH）
本文デザイン＆図版作成◎二神さやか
企画協力◎株式会社天才工場
編集協力◎潮凪洋介、掛端 玲
本文ＤＴＰ◎株式会社キャップス

第1章

YouTuberでも稼げているのはほんのひと握り

ネットの中にお金は落ちているのに、なぜか拾えない人たち

私たちの生活に深く入り込んでいる、インターネット。

「テレビを観ない日はあっても、スマホを見ない日はない」

そんな方が大半でしょう。それと同じく、ＳＮＳや動画などのコンテンツも、多くの方が視聴していることと思います。

こうしたインターネット関連事業の拡大によって、今ではインターネットを使って収入を得る方法が格段に増えました。ネット収入で年間数千万円から数億円を稼ぎ出す人の活躍をＳＮＳや動画で観たこともあるでしょう。

YouTuberや、インスタグラマーといったいわゆる「インフルエンサー」はもちろん、現在ではライブ配信をして商品やサービスを売る、ライブコマーサー、さらにはX（旧Twitter）やInstagramを使用してオリジナル商品やサービスを販売する、また昔から用いられている方法としてブログでアフィリエイトやアドセンスを行なって

アフィリエイターの約８割は、
月額１万円も稼げていない……！

月額アフィリエイト収入（2020年）

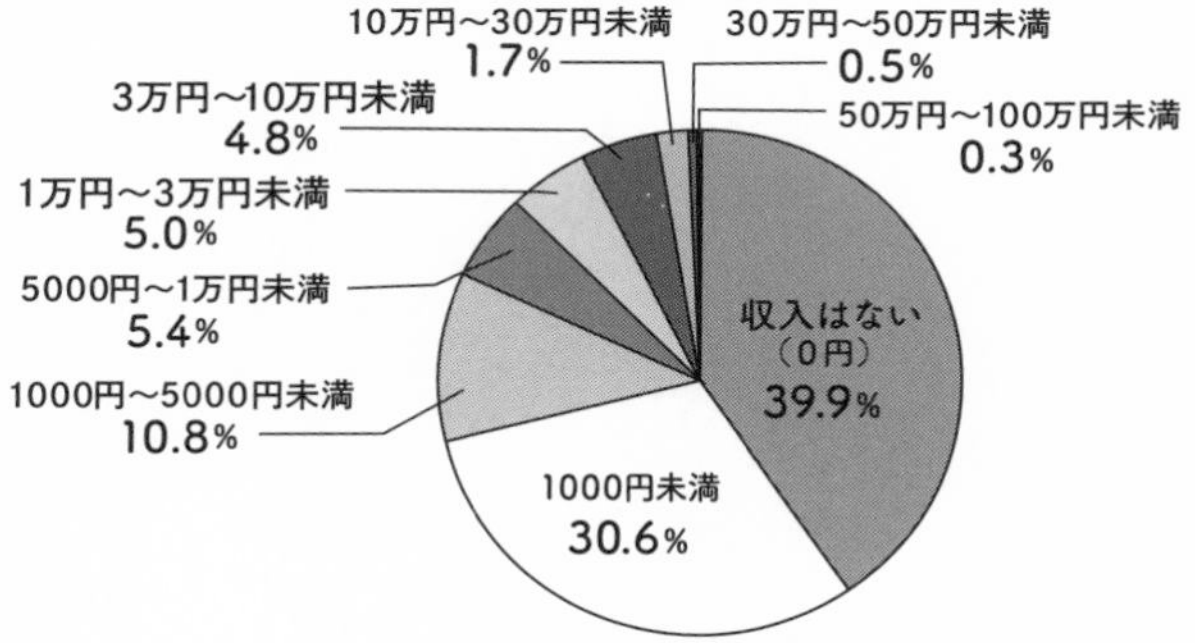

◆出典：一般社団法人 日本アフィリエイト協議会
https://www.japan-affiliate.org/news/survey2020/

YouTuberの約９割は、
月額10万円稼げていない……！

YouTuberの平均月収（2022年）

(N=324)

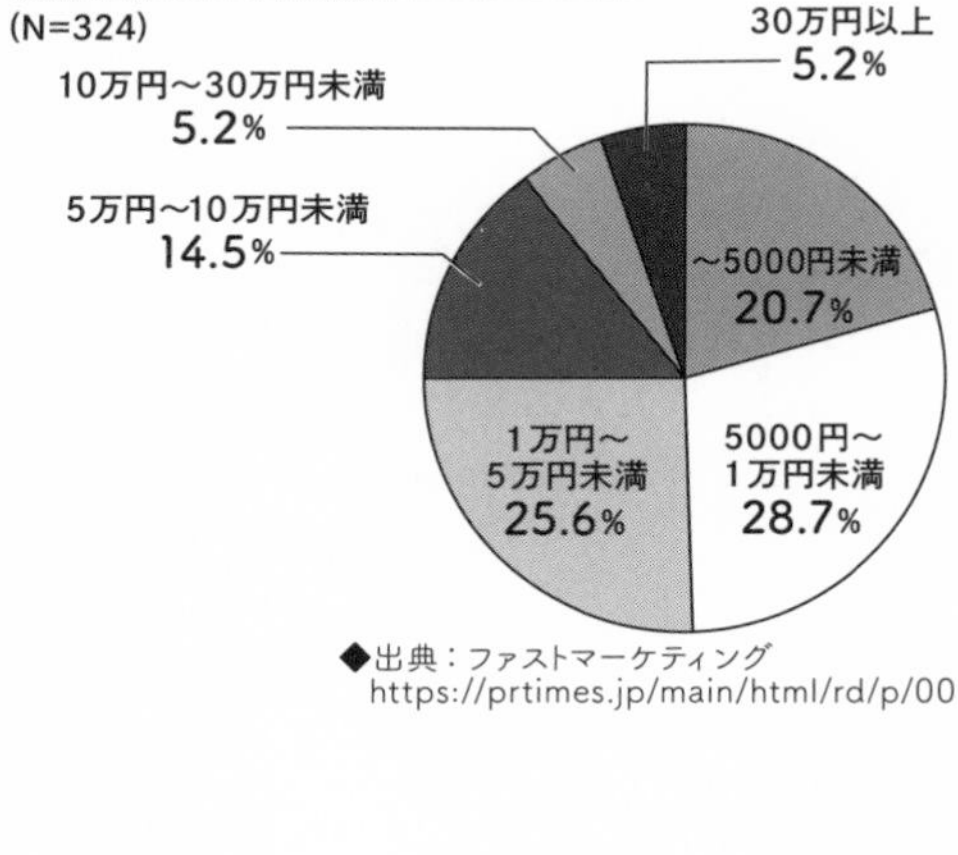

◆出典：ファストマーケティング
https://prtimes.jp/main/html/rd/p/000000007.000058070.html

収入を得るなど、実にさまざまな方法があります。

しかしながら、実はアフィリエイトを行なう約8割は、月に1万円も稼げていないのが現状です。2021年に一般社団法人日本アフィリエイト協議会が行なった調査にもしっかりとこの状況が示されています。

実はこうした現状は、アフィリエイトだけではありません。

調査会社であるファストマーケティングが行なったアンケートによると、YouTuberの平均月収は「5000～1万円未満」が最多であり、約5割のYouTubeが1万円未満の収入しかないことがわかります。しかも、月10万円稼げていない人の割合が約90%という驚くべき状況になっているのです。

YouTuberが稼げなくなっている大きな原因

さらに、最近のYouTubeは、広告収入の減少も浮き彫りとなっています。

Googleを傘下に持つアメリカの会社Alphabetは、2022年7～9月の決算で、

YouTubeの広告収入が1・9％減少したことを発表。多くの有名YouTuberが、「以前のように稼げなくなった」という背景には、広告出稿がそもそも減ったことが影響しているようです。

また、「YouTuberとして稼ぐのは厳しい」といわれるのには、他の要因もあります。

2007年にYouTubeの日本語版が始まってから約16年余りが経ちますが、現在ではYouTubeだけではなく、動画のサブスクサービスやTikTokなど多くの動画サービスが生まれました。

ユーザーにとっては、「どのコンテンツを観ようか」という選択肢が広がったことになりますが、コンテンツを配信する側としては、いかにユーザーを惹きつけることができるか、チャンネル再生数をどのように伸ばすか、ということばかりに注力してしまって、収益を上げることについては考えていない人が多いのです。

副業が解禁され、ネットを使っての小遣い稼ぎなどに興味をもって実行する方もぐっと多くなりました。副業が解禁されたことに喜んでいる人もいますが、これは裏を返せば会社の給与は大幅に上げないので、自分で副業して稼いでもいいよということなのです。副業の中でも、動画を配信するインフルエンサーは、多くの収入を得ているイメージがありますが、実際には収益化に困っている人が驚くほど多くいます。

「収入を得たい」と思って始めてみるものの、手間ばかりがかかり、結局稼げず、アカウント閉鎖に追い込まれてしまう……。それは、数万人のフォロワーを持っているYouTuberでも同じ。「動画を配信すれば稼げる」時代は終わりつつあるといえます。

インフルエンサーの9割は、マーケティングの勉強をしていない

驚くかもしれませんが、数万人のフォロワーがいても月に5万円も稼げていないインフルエンサーはたくさんいるのが現状です。

ではなぜ、フォロワー数や再生回数が申し分ないインフルエンサーなのにもかかわらず、思うような収益を上げられていないのでしょうか？

YouTubeの収益化条件がどんどん変わっていっている、という現状はありますが、

それよりも根本的な理由として、

「マネタイズにつながるマーケティングの知識がないから」

に尽きると私は考えています。

インフルエンサーは、アクセスやフォロワーを集めるテクニックには優れています。

しかし、それを**収益化に結びつけるための仕組みがわからないため、それ以上前に進めず、「ただフォロワーが多いだけのインフルエンサー」という状態に陥っているの**です。

特にSNSは、どのプラットフォームも比較的歴史が浅く、アルゴリズムは頻繁に変わってしまいます。

そのため、「運用しながら試行錯誤していく」といった人も多く、あえてマーケティングを勉強しようという人たちが少ない、という背景の他、SNSのマーケティングを学ぶ場もそれほど多くはないので、ほとんどの人が経験や勘、他の人から見聞きしたことなどを頼りに運用しているのです。


しかし、そのような手探り状態では収益化はおろか、継続することさえ困難になります。ある一定のところまでは、登録者数も伸びますが、その先が続かない。例えば、万単位のフォロワーがいたインフルエンサーがマネタイズなしで運用していたところ、だんだんと「私は誰のために発信しているのだろう?」と考え始め、最終的に更新が途絶えてしまったというケースもあります。

つまり、継続していくためにも、マーケティングの知識は必須なのです。

これを知っていれば、フォロワー数が少なくても、マネタイズできる

世の中に、有益情報やおもしろいコンテンツなどの価値を届けたい。

そのようなすばらしい想いを持って発信を始めた人たちが、そのような理由で離脱してしまうのはとてももったいないと感じます。

そうはいっても「マーケティングの重要性はわかる。でも、マーケティングの勉強って大変そう……」という方もいらっしゃることでしょう。

しかし、難しいことはありません。大切なのは、収益を得るまでの「導線」を知る

ことです。

ＳＮＳを運用する多くの人は、まずフォロワー数や再生回数、「いいね！」やリプライの数など、とにかく「多くの反応」を求めたがりますが、実は「導線」さえ知っていれば、反応が少なくてもマネタイズは十分可能なのです。これこそが「マーケティングを知っているかいないか」の差になります。

事実、成功している方々の一人に、料理系インフルエンサーがいらっしゃいます。この人たちは、1〜3万人前後と決してフォロワーが多いわけではありません。

しかし、

◎有料のオンラインサロンをつくる。
◎毎月レシピが配信されるサブスクサービス。
◎企業とタイアップした商品開発。

といったことを行なって、十分な利益を稼ぎ出しているのです。

今後、インフルエンサーたちが生き残るには、マーケティングを勉強するしか道はないでしょう。

新しいことを勉強するのは、多少なりともパワーがいると思いますが、ぜひこの機会に頭を切り替えてみてください。

「数」に固執するよりも、目指すゴールにたどり着くための「導線」を知ることに注力するほうが、今の時代、結果を出す近道となるのですから。

突然のアルゴリズム変動、規制強化に振り回される時代

前項では、頻繁に変わるアルゴリズムの話に触れました。

ちなみに「アルゴリズム」とは直訳すると「算法」で、ある問題に対する正解を導くための手順、計算方法といった意味合いで用いられます。SNSプラットフォームにおいては、ユーザーの興味や関心に合わせて最適な投稿が表示される仕組みがアルゴリズムと呼ばれます。

あなたも、YouTubeのホーム画面や検索結果などに表示される投稿を見て、「なぜ自分が好きなものばかり出るの？」と驚いたことがあると思います。

あれは、例えばYouTubeなら登録チャンネルや視聴履歴、高評価を押した動画などユーザー行動の傾向から、そのユーザーが好みそうなキーワードや情報が含まれている動画を上位に表示させる、というアルゴリズムのもとピックアップされているのです。

ただし、ピックアップされる動画は、膨大な量の投稿動画の中のひと握りだけ。もちろんアルゴリズムがあり、動画についた「いいね！」の数や視聴回数などの要素がカギになってきますから、投稿者側としては、いかにこのアルゴリズムを把握して、コンテンツに反映させていくかが重要になります。

しかしお伝えしたように、この**アルゴリズムは世の中の流れやさまざまな理由から、頻繁に変更**されてしまいます。今まで順調に上位表示されていたコンテンツでも、アルゴリズムの変動により突然順位がガクッと落ち、アクセスが激減してしまうことも頻繁に起こります。

そのため、アルゴリズムが変わるたびに収益が一気に減ったり、コンテンツの方向性を見直さなければならなかったりと、いちいち振り回されてしまう一面があります。**アルゴリズムの変更はいつ訪れるかわかりません**から、「いきなり稼げなくなったらどうしよう……」という不安も常につきまといます。

つまり、度重なるアルゴリズムの変動や規制強化は、インフルエンサーが稼げない大きな理由となっているのです。

アルゴリズム変動、規制強化に振り回されないために心得ておきたい2つの大事なこと

しかし、アルゴリズムの変動も規制強化も、私たちの力ではどうにも避けられないことです。そこで、2つのことが大切になってきます。

1つは、**「あくまでもプラットフォームという場所を借りてビジネスをしているのだ」**という認識を日頃から持っておくことです。インフルエンサーは、「他社のプラットフォームに依存している」ビジネスです。自分が所有しているプラットフォームではないので、運用元の都合で急にルールが変わったり、あるいはプラットフォーム

自体が突然なくなったりすることもあります。そのことに一喜一憂せず、甘んじて受け入れる。いつもこうした姿勢で備えていれば、もし本当にそうなったとしても動揺は少なく冷静に対応できると思います。

またそうした心持ちとともに、**ユーザーのためのより質の良いコンテンツづくりを追求していく**ことは、いうまでもなく重要です。

例えば動画なら、Netflixのような完成されたコンテンツが大量にあるサブスクサービスはたくさんありますから、そこに勝てるようなコンテンツを目指す必要があるでしょう。**選ばれる魅力のあるコンテンツは、どんなアルゴリズムであっても生き残っていける可能性が高い**と考えます。

もう1つ大事なことは、**特定のプラットフォームに依存しないビジネスをすること**です。

特にYouTubeやAmazon、楽天市場など巨大なプラットフォームは、メジャーというだけで「ここでやっていれば、きっと大丈夫だろう」といった安心感が生まれ、つい依存してしまいがちです。

しかし、そうしたプラットフォームでもアルゴリズムや規制強化で大幅に運用方針が変わる可能性はゼロではありませんし、さらにメジャーであるがゆえに、収益を得るには広告手数料などのコストが必要だったり、国内外にたくさんのライバルがいたりといった壁もあります。

プラットフォーム依存を避けるためにやっておくべきこと

プラットフォーム依存を避ける手段として、例えばこのようなアクションがポイントとなります。

◎個人や企業単位のメディアサイトなど、オリジナルのプラットフォームを持つ。
◎プラットフォームとは別に、フォロワーと直接交流できるようなコミュニティをつくる。
◎一つに絞らず、さまざまなプラットフォームを活用する。

こうした方法を知っているかどうかで、今後、世の中の大きな渦に飲み込まれて稼げないインフルエンサーになるのか、あるいは安定してずっと稼げるインフルエンサーでい続けられるのかが決まります。

つまり、動画配信をどれだけ「ビジネスとしてとらえられるか」が問われている、ということでもあるのです。

広告収入で稼げている2つのジャンル

多くのYouTuberが稼げなくなっている中で、ジャンルによっては今でも広告収入でしっかり稼げている人がいることもたしかです。

YouTubeでいうと、例えば、書籍や映画の要約、美容情報といった**「お役立ち系チャンネル」**や、投資や金融や税金のことや、外国語やスキルアップなどを学べるような**「教養系チャンネル」**がその代表格でしょう。

この2ジャンルに共通しているのは、**最後まで離脱されにくく視聴時間が長い**ことです。お役立ち系や教養系の動画は、見せ方の工夫もありますが、視聴動機の根底にユーザーの「知りたい」「学びたい」といった意思がありますし、そもそも内容を知るには動画を最後まで観る必要があるため、離脱されにくいのが特徴です。

特に、書籍の要約や教養系のチャンネルは、読書や勉強の習慣がある人に好まれます。そうした人たちは、もともと長い時間集中することに慣れている傾向がありますので、**再生回数が増えなくても、視聴時間の長さによって収益化につながりやすい**側面もあります。

逆に、**おもしろ系**や**ドッキリ系**の動画は、過激なサムネイルなどのインパクトで再生回数は稼げても、残念ながらほとんどの動画は、再生視聴時間が1分未満であり、途中を飛ばして結末だけ観られたりといったことで**離脱され、収益化できていない**のが現状です。再生数は多くなるかもしれませんが、視聴時間がものすごく短いのです。

また、そうしたジャンルのコンテンツはあまりにも増えすぎたために、世の中が飽き始めていることも、認識しておいたほうがいいでしょう。

広告を打つ企業の視点で考えてみても、このようなお役立ち系の動画に広告がつきやすいのは納得できます。せっかくコストをかけて広告を出すなら、暇つぶしに飛ばし飛ばし観られるような動画より、腰を据えてしっかり観てもらえる動画に広告を出したいと考えるからです。前述した2つのジャンルのコンテンツは、広告単価そのものも高くなる傾向があるのです。

ユーザーの瞬間的な「観たい！」よりも、「最後まで逃さず観たい！」を引き出せるような内容はどんなものか。発信ジャンルの決定は、そうしたことを考えながら慎重に行ないたいものです。

人気YouTuberが「広告収益は10分の1」という衝撃

「広告収入が10分の1に落ちた」

「YouTuberとして稼ぐビジネスモデルはそのうち終わる」２０２２年、人気YouTuberであるラファエルさんの衝撃的な発言は、各所で話題を呼びました。

「YouTuberは稼げる」イメージを持っている人はまだまだいると思いますが、それはすでにひと昔前の話。

ラファエルさんのようなチャンネル登録者数170万人超えの**超有名インフルエンサーでも思うように稼げない時代が、確実に到来している**のです。それを裏付けるかのように、ラファエルさんの他にも一気に収入が激減したことを告白する有名YouTuberたちが続出しています。

その背景には、これまでお伝えしてきたように、インフルエンサーの間にマーケティングを積極的に学ぶ風潮がなかったことはもちろん、アルゴリズムや規制の変化、そしてショート動画の人気拡大が非常に大きく影響しています。

HIKAKINさんなどの有名インフルエンサーが多数所属する、大手YouTuber事務所UUUMは、2023年5月の決算で過去最大の赤字を公表しました。同社は**業績悪化の要因として、ショート動画の再生回数が増えた**ことで、それ以外の動画が想定を下回る推移をしたことなどを挙げています。

YouTubeのショート動画は、2021年7月のリリース当初は収益化できなかったものの、視聴数や投稿数の伸びから2023年2月より収益化が可能となりました。しかし、通常の動画とは収益化の条件が異なり、1再生当たり得られる収益は0・003〜0・01円という微々たるもの。これらは、「YouTubeショートショック」という言葉も生まれたほど、ショート動画の浸透は世の中の広告収益に打撃を与えたのです。

そもそもUUUMは、アドセンスと呼ばれる動画の再生時に表示される広告から得られる報酬（Googleから支払われる）が売上の柱となっていました。そのため、ショートショックの影響がなおさら大きかったのではないかと思われます。

また、アドセンスの単価自体も、ジャンルなどにより異なりますが、全体として下がっているといった話も聞かれます。

たくさんのYouTuberを抱える会社自体がこのような事態を迎えているのですから、YouTuberの収入激減も避けられないのは当然ともいえます。このショートショックは、**広告収入に依存したやり方が世の中のトレンドの変化などでいとも簡単に崩壊してしまう**可能性があることを如実に示してくれました。

広告収入に依存しない、新たな稼ぎ方がある

私は、YouTubeがショート動画の流れになっている今、「もう広告収入だけでは稼げない」と考えるべきだと思っています。２０２３年10月からスタートしたステマ規制法を考えても、ますます広告収入だけで稼ごうとするのは危険です。規制前は、企業案件やＰＲであることを隠してあいまいな投稿をしてきたインフルエンサーも少なくないと思いますが、法律が施行された今はそうはいきません。

今後は「＃ＰＲ」「＃タイアップ」といったタグをつけるなど広告であることを明確にする必要があります。すると、アクセス数の減少は避けられません。人間の心理として「なんだ宣伝か……」といった気持ちが生まれ、反応が悪くなってしまうからです。

ステマ規制法によってベースのアクセス数が減る上に、ショート動画の流行で大きく稼ぐことは難しい。そうしたことからもＳＮＳ全体を通して得られる収入が下がってしまうことは間違いありません。広告、タイアップ、企業案件に頼っていると、成

功するのは難しいでしょう。

ただ、

「100万人以上のフォロワーがいるインフルエンサーさえも稼げないんだから、凡人の自分が稼げるわけない」

とあきらめてしまうのは非常にもったいないことです。

なぜなら、今の事態を俯瞰《ふかん》してみれば、YouTubeなど一つのプラットフォームに依存し、再生回数やフォロワー数など数の勝負だった時代は終わり、「ビジネスモデルがガラッと変わりつつある」ともとらえられるからです。

たとえ再生回数やフォロワーが少ない発信者でも、例えば発信場所や方法を変える、**少数でも〝コアなファン〟を集めるといったことにより、逆転は十分可能な時代に突入**しています。

このチャンスを活かせるかどうか――。それはあなた自身の行動一つにかかっています。

ネット配信ビジネスは、ライバルが毎月数万人単位で増加中

少し前の話になりますが、オリエンタルラジオの中田敦彦さんが自身の運営するYouTubeチャンネルにおいて大先輩である松本人志さんを批判したことで、多くの人の関心を集めました。ネットニュースの話題にのぼるほど、『中田敦彦のYouTube大学』は、登録者数525万人の人気チャンネルです（2023年12月時点）。

このように、テレビに出ていた有名な芸能人が今では続々YouTubeに参入しています。また、コロナ禍で在宅時間が増えたことや副業解禁の波が押し寄せたことで、YouTubeチャンネルを開設した一般人も多数います。

登録者数10万人以上のYouTubeチャンネルは、たった0・5%だそうです。といっても、単純に計算して「200人に1人いる」ということではありません。複数のチャンネルをサブチャンネルとして1人が持っているケースもあるため、10

万人以上の登録者数を持っているYouTuberは実質的には「1000人に1人程度」といわれています。

芸能人などのタレントさんはチャンネル開設だけで10万人を超えるため、実際には一般人が開設して10万人を超えるのは至難の業です。

YouTubeは今まさに、「レッドオーシャン中のレッドオーシャン」といっても過言ではありません。

フォロワー数が少ないのに、爆発的に収益化している人の秘密

こんなにライバルが多く、しかも増え続けている中で、これから参入しようとする人や弱小のチャンネル運営者には生きる道がないように思えるかもしれません。

しかし、登録者数の少ないYouTuberでも、収益性の点では成功している人がいます。

その境目はズバリ、**「ファンとの直接のつながりがあるかどうか」**です。

バックエンド商品を買ってくれる「コアなファン」がいることで、1万人のチャンネルであっても100万人のチャンネルと同じくらい稼いでいる人がいます。

例えば、「洗車の教科書」を目指すというコンセプトの『**ながら洗車チャンネル**』には**7万人しか登録者がいません**。しかし、**オリジナル洗車材の商品開発で年間5億円**を売り上げています。

それ以外にも、**チャンネル登録者が3万人の趣味のチャンネル**でもコアなファンがおり、**広告収益以外で1億円以上稼ぐ方が多くいる**のです。

「本当にそうなの？」と疑ってしまいそうですが、チャンネル登録者の数がすべてではありません。つまり、チャンネル登録者やフォロワー数が少なくても、やり方次第では爆発的に収益を上げられるのです。

ではなぜこのような現象が起こるのでしょうか？　それについて興味深い記述があります。

脳には「オン」と「オフ」のスイッチが存在することがオックスフォード大学の研究によって、明らかになりました。人の脳において「ファンスイッチ」が「オン」になるのは、「この人のやり方をもっと見てみたい」「知りたい」「見習いたい」「応援したい」と感じた瞬間です。さらには、「まさに私のためにあるチャンネル」「この人なしでは生活できない」「人生の一部」だと感じた瞬間に「コアなファンスイッチ」が入ります。

そんな熱い気持ちに支えられるのは、まさしくYouTuberやインフルエンサーしかいません。登録者が少なくても100万人の「優等生チャンネル」を超える「稼げる」チャンネルやコンテンツは十分生み出せるのです。

そのためにも、誰かの真似ではなく、あなただから提供できる、オリジナルの魅力を発信していきましょう。

有名タレントのYouTube参入は、これからもますます増える

中田敦彦さんをはじめとする有名タレントや俳優など著名人のYouTube参入は、今後間違いなく増えていくことでしょう。

というのも、スマホの浸透により私たちのライフスタイルは大きく変わっているからです。

総務省が発表した『令和3年版　情報通信白書』(https://www.soumu.go.jp/johotsusintokei/whitepaper/ja/r03/html/nd242510.html)によると、全年代において平日の「インターネット利用」の平均利用時間が、「テレビ(リアルタイム)視聴」の平均利用時間を初めて上回る結果となりました。

「昔はとりあえずテレビを観ていたけど、今はその時間にスマホで動画を観ている」そんな人が、多いのではないでしょうか。２０２２年には、民放キー局5社のうち3社が減益を発表するなど、テレビ局のスポンサー収益も減っています。それを裏付けるかのように、現在のテレビはリモコン機能に多くの動画サイトのボタンが搭載されています。hulu、Netflix、U-NEXT、ABEMATV、YouTubeなどのチャンネルにダイレクトにいけるような導線がある、つまり、動画サイトをテレビ画面で観る時代へと大きく変化しているのです。

さらに、昨今の衝撃的なニュースといえば、２０２２年の「ＦＩＦＡワールドカップカタール（W杯）」が挙げられるでしょう。なんとこのときの放映権を獲得したのは、民放ではなく動画配信サービス「ABEMA」で多くの視聴者を驚かせました。ABEMAは約200億円という多額の資金を投じて放映権を獲得しましたが、結果として日本対ドイツ戦のたった1日だけで視聴者数1000万人突破、1週間で3000万人突破と開局史上最高数値を記録。まさに「テレビの時代は終わった……」と肌で感じた出来事でした。

テレビからスポンサーが離れていけば、当然のことながら芸能人の出演料やギャラに影響を及ぼします。芸能人たちも生きていかなければなりませんから、いつまでもテレビにぶら下がっているわけにはいきません。先を案じた**芸能人が、YouTubeなどネットの世界へ次々に移り込んでくる現象はまだまだ続く**と思います。

つまり、一般人の素人だけでなく、そうした有名人もあなたと視聴者を取り合うライバルとなるわけです。

すでに多くの人々に顔や名前を知られている芸能人やモデルなどは、YouTubeを始めただけですぐに何万人のフォロワーがつくこともざらにあります。一般人が何年もかけて地道に積み上げていくプロセスを、たった数日で追い抜いてしまう。そんなことが日常的に起こっているのです。

そうしたことを考えると、YouTubeで成功するのは、以前にも増してさらに厳しい状況になっていることがおわかりいただけるかと思います。

一般のYouTuberやインフルエンサーが著名人や芸能人に勝てる秘策

そんな荒波から脱却するには、これからの時代に安定収益があるビジネスにシフトしていくしか道はありません。

では、何をすればいいのでしょうか？

フォロワー数や登録者数の数に固執するのではなく、〝コアなファン〟を増やし、ファンを飽きさせないようなアクションを起こし続けること。これに尽きると思っています。

今や「推し活」という言葉が一般的になりました。

「推しは尊い」「推しは推せるときに推せ」

そんなネット用語も生まれるほど、推し活をしている人にとって「推し」の存在は大きく、投資……いわゆる「課金」も惜しみません。

ABEMAやDAZN（ダゾーン）といったサブスク制の動画配信サービスは、そんな推し活民たちのまさに「課金」によって成り立っているビジネスといえるでしょう。

前述したように、ABEMAがワールドカップの放映権を買えた理由も、サブスクで先行投資資金を回収できるビジネスモデルという仕組みになっているからです。

民間放送のテレビ局は、単発で毎回スポンサーを集めないと収益化できないため、放映権すら買えなかったのです。

ちなみにABEMAでは他にもボクシングチャンネルや格闘技チャンネル、また囲碁や将棋など複数のコア向けチャンネルを用意し、**「コアファン向けにサブスク課金をするモデル」を採用**しています。コアなファンは、推し対象がどこの場所に行こうが応援し課金することをABEMA側は十分理解しているのでしょう。

このビジネスモデルは「ABEMAだからできた」のではありません。コミュニティの月会費、YouTubeのスパチャ（スーパーチャット）などの投げ銭制度もこの一つといっていいでしょう。

たとえ最初は人数が少なくても、長く深く応援してくれるファンを増やして大事にする。それが、素人でも有名人たちに勝てる可能性のあるビジネススタイルだと思います。

いくらやっても売上が上がらない「一人ブラック会社」の負のスパイラル

YouTuberが置かれている厳しい現実をお伝えしてきましたが、YouTuberが行なう作業そのものに負荷がかかりすぎる、という問題もまた、YouTubeの継続を難しくさせている原因の一つです。

今はスマートフォン1台あれば撮影はできますが、当然ながら撮影したものをそのままアップすればいいわけではありません

テロップを入れたり、BGMや効果音を入れたりといった編集作業が必要になるた

め、30分の動画をアップするのに平均しても10時間前後の作業時間がかかってきます。より細かく、楽しめるような動画にするため、どうしても時間をかけざるを得ないのです。

動画のクオリティが向上した要因は、YouTuberが急激に増えたことにあります。以前は動画のクオリティがそれほど高くなくても、ユーザーは楽しんで視聴していましたが、やはり、質の高い動画が出てくると、そちらに再生数をとられてしまいます。結果として、質の高い動画編集をせざるを得ないのです。

事実、撮影機材や動画編集用の高性能のパソコンなどを備えて自身で編集作業を行なうトップYouTuberも少なくありません。つまり、YouTubeはすでに「セミプロ」もしくは「プロ」の方たちが動画をつくっている世界なのです。

こういった状況を知らないままで、一人でYouTubeを始め挫折した人をこれまで多く見てきました。

一人で企画からロケ撮影のアポ取り、動画撮影を行ない、その後編集して動画をアップするのは、かなりの負荷がかかります。しかもこれらを日を空けずに作業し続けなければなりません。また、常に新しい企画を考え、撮影をしてひたすら動画をあげていくというルーティン業務をこなす体力も求められます。この作業すべてを一人でこなしていかなければならない場合、「一人ブラック会社」と呼べるほど大変な状況に陥ってしまうのです。

さらに追い打ちをかけるようですが、これだけ時間と労力を使っても、最初のうちは思ったような収入は得られません。広告収入は登録者数に比例しますから、最初は登録者数を稼ごうと多くの動画をアップします。しかし、思ったように登録者数は増えません。

例えば、1回動画をアップして10人しか増えないと、単純計算すると5万人になるまで50年かかります。もちろん、チャンネルがどこかでバズって急激に登録者数が増えることもありますが、そうならない人がほとんどといっていいでしょう。

動画で収益が上がらなければ、当然他の仕事をしてお金を稼がなければなりません。動画編集に、生活するための仕事との両輪は言わずもがな、過酷な労働状態となってしまうのです。

登録者数が1000～20000人程度でしたら、月のアドセンス収入は1万円にも満たないでしょう。趣味でYouTubeを行なうのではなく、**本業にしたいと思っても広告収入だけでは食べていけないのが今のYouTubeの現状**です。今のやり方を変えないと、ビジネスとして収益化するのは難しいでしょう。

「なんだ、案件か……」のガッカリ感でファンが離れていく

「そうはいっても、YouTuberには広告案件で、数十万～数百万円を稼ぐ人もいる」

そう思われる方もいらっしゃると思います。たしかに、以前は企業とのタイアップ案件で収益を上げているYouTuberがいました。「広告収入で稼げなくても、案件で収入を得ている」ことはそこまで難しくない時代もありました。

しかし、この「案件」を取り巻く環境も変化しています。

1つには、「ステマ規制」によって、企業がインフルエンサー等にタイアップをお

願いする場合は、その旨を明確に消費者に伝えなければならなくなったのは、前述したとおりです。

このステマ規制が施行されたことによって、影響を受けたのはYouTuberだけではありません。それを観る視聴者もまた、動画の見方が変化しました。

「なんだ、この動画で流れている商品は本当におすすめしているわけではなく、案件だからいいことを言っているんだ」

さらには、「案件の動画はそもそも観ない」という視聴者も現れています。

視聴者からすれば、これまで好きでYouTuberの動画を観ていたのに、急に案件の動画が流れて「がっかり……」ということになるのでしょう。実際、**案件の動画を流し始めてから、ファンが急速に離れていったYouTuberも少なくありません。**

逆に、このファン心理をよく理解していて、「私は案件の仕事はやりません」と宣言してファンをぐっとつかんでいるYouTuberもいるほどなのです。

案件に対する反応がややネガティブになったことから、昨今ではYouTuberやインスタグラマーなどのインフルエンサーによるＰＲ効果は以前の半分以下になったといわれています。そのため、**企業でも案件にかける予算を少なくする動きが広まっています。**今後も1案件の単価は下がっていくでしょう。

視聴者が求めているのは、商品やサービスの「宣伝」ではなく、「本音」だからです。すべての案件がそうだとはいいませんが、やはりYouTuberの本音が見えない動画やインスタグラマーの写真は、違和感や嫌悪感が出てくるのでしょう。こうした案件ばかりを受けるYouTuberやインフルエンサーは、ファンが離れ結果的に淘汰されていくと考えます。

「タイパ（時短）志向」で、ショート動画SNSに視聴者が流出

YouTuberにとってさまざまな不都合な真実を挙げてまいりましたが、YouTuberにとって今現在、もっとも深刻な問題なのが、「長い動画が観られなくなってきている」ということではないでしょうか？

2021年から始まったYouTubeのショート動画ですが、多くの視聴者がショー

ト動画に流れるようになりました。

ショート動画ばかりをつくるYouTuberの他、YouTubeの人気チャンネルを切り抜いたショート動画、さらには長尺の動画の要点をまとめたショート動画なども好まれる傾向にあります。

こういった現象は、なにもYouTubeの世界だけではありません。そもそもTikTokやインスタグラムのストーリーもすべてショート動画が中心です。

こうしたショート動画がなぜ好まれているのか？

それはやはり、多くの情報が飛び交う中で「より多くの情報を得たい」という視聴者の心理があるからでしょう。私は、今後もこの流れは続くと考えています。

しかし、ショート動画にはいくつか問題があります。

1つは「再生されても全然収益にならない」ということです。1再生当たり0・003円〜0・01円というたいへんシビアな世界だというのはお伝えしたとおりです。

つまり、多く見積もっても、1万回再生されてたった100円。現実はなかなかに厳しい状況です。

ショート動画を上手に活用している人の思惑

もう1つは、視聴者側としてはサクッと気軽に見られる半面、配信者側としては再生時間が短い分、通常の長さの動画よりも収益が低いため、再生回数をたくさん稼げるコンテンツを大量につくるなど工夫が求められる、という点です。

それにもかかわらず、なぜこぞってYouTuberたちはショート動画を出すのでしょうか？

やはりそこには、「視聴者を本チャンネルに誘導したい」という思いがあるからです。そのためにYouTuberたちはあれこれ工夫を行なっています。

例えば、「お役立ちレシピ5選」というタイトルで4作目までを観せて、最後は「詳しくはYouTubeチャンネルで！」といって誘導する。しかも、ショートは尺が短いので、「何回も観る」という場合もあります。視聴者が2回、3回とその動画を観ることによって、今度はおすすめにそれが出てくるようになる。すると、その人の動画に多く触れるようになるため、「本チャンネルも観てみるか……」という気持ちにさせる効果があります。

ショート動画は、暇つぶしのために観る、長尺動画は興味があったり、自分が「観たい」と思った人のものを観る、というように切り分けられているといってもいいでしょう。

そのため、今のYouTuberは、ショート動画も長尺動画も、両方つくらなければいけない状況です。

ショート動画でも長尺動画でも、広告収入を得るのが難しくなっている昨今ですが、その中でも料理法や、運動法を教えるといった教育系のチャンネルや、掃除やＤＩＹのコツを教えるといったお役立ち系のチャンネルの長尺動画は多くの人に見られている、という現象があります。

「真剣に動画を観る」という視聴者の特徴もありますが、よくよくこれらのチャンネルを分析してみると、**「一方的な発信になっていない」**というポイントがあります。

例えば「役立った！　と思ったらコメント欄で教えて」とか、「他にも知りたいことがあったらコメントで書いてね」といった双方向のコミュニケーションをとても大事にしています。

このように**直接ファンとやりとりをしている、いわばファンとつながりが強いチャンネルは、登録者数を伸ばし続けています。**実はここに一般のYouTuberやインフルエンサーが生き残るためのヒントが隠されています。

これについては、第2章以降で詳しくお伝えしていくことにしましょう。

第2章

稼げるインフルエンサーは、何をしているのか？

インフルエンサーには、「第3の主要キャッシュポイント」があった

第1章では、厳しいYouTuberの現状をお伝えしてきました。

第1のキャッシュポイントだった広告収入、第2のキャッシュポイントだった企業案件ですが、これらはいずれも報酬が減少していくと考えられます。広告収入の減少により、いわゆる「有名YouTuber」であっても、収益化できず苦しんでいる、ということは前章でもお伝えしたとおりです。

ご存じのように、広告での収入化を目指す場合、動画が多く再生される必要があります。そのため、動画内で過剰ともいえる演出をしたり、動画の投稿頻度をあげたりと、あの手この手を使うYouTuberが多いのは周知の事実です。

広告収入で生計を立てているYouTuberは、動画の再生回数とその再生回数に応じた広告収入のみを追いかける傾向にあります。

しかし、再生回数による広告収入は、YouTubeのルールや検索のアルゴリズムに

よって大きく変わるものです。

もし、既存のルールが変わってしまうと、これまで人気だったコンテンツが配信できなくなったり、もしくは検索順位を下げたりして、大きく再生回数を減らし、一気に稼げなくなることも少なくありません。最悪の場合、アカウントがバンされて収入がゼロになる可能性もあります。つまり、**広告収入による収益化は「得られる金額の予想が立てづらい」ともいえる**のです。

ところが、そういった困難な状況下で、YouTubeの中には、かつてないほど収入を増やしている人もいます。

実際、私のまわりには過去最高の売上を達成しているYouTuberやインフルエンサーであふれています。

さて、その差はいったいどこにあるのでしょうか？

それは「第3のキャッシュポイント」を持っているか否かにあります。彼らは動画投稿だけにビジネスを限定していません。

積極的に動画以外の領域に進出したり、自社サイトやファンビジネスのプラットフォームで、有料のコミュニティを運営していたり、自身でプロデュースした商品やサービスを販売していたりと、さまざまな活動を行なっています。

ちなみに、ここでの商品は、企業から依頼を受けてタイアップする「案件」ではありません。自身でブランドを立ち上げ、開発した商品です。なかには、1商品で数千万円から数億円の売上を上げている方や、またオリジナルサービスを提供することで安定して数千万から数億円という金額を売り上げている方もいます。

「YouTuberやインフルエンサーに、そんなビジネス展開ができるの？」と思われる方もいらっしゃるかもしれません。しかし、YouTuberやインフルエンサーだからこそ、コアなファンを対象にしたサービス・商品の販売ができ、それが大きなキャッシュポイントとなっているのです。

YouTuberが持っている隠れた商品力

私はこれまで多くの経営者や個人事業主、さらにはインフルエンサーの皆さんにサブスクビジネスの展開について教えてきました。

商品やサービスをどのように売るかを知っているだけで数千万円は軽く売り上げてしまうのを目の前でたくさん見てきました。

その中でも、**YouTuber は群を抜いて「商品力」に優れている**と感じています。ここでいう商品力とは、**「商品販売力」**と**「商品企画力」**のことを指します。

では、なぜ YouTuber が商品力を有しているのでしょうか？　それは、**「多くのファンに支えられて活動している」**という部分にあります。

「いやいや、多くのファンなら芸能人やスポーツ選手もいるのでは？」と思われるかもしれません。

しかし、テレビで活躍する芸能人やスポーツ選手よりも、YouTuber は**圧倒的に身近な存在と感じてもらいやすいという利点**があります。

あなたも、テレビや映画で観るような芸能人よりも、動画やライブ配信などで観る YouTuber に親近感を覚えたことがあるはずです。

この親近感を抱いてもらいやすいことは、大きなメリットになります。商品をおすすめしたり、プロデュースしたイベントやサービスを購入してもらえる「強み」に変わるからです。これが、商品販売力の部分です。

なぜ一般的なプロモーションよりYouTuberのほうが売れるのか？

実際、YouTuberがプロデュースしたイベントやサービス、商品は有名メーカーが一般的なプロモーションで販売するよりも売れるという現象がすでに起きています。

この現象にも明確な**「からくり」**があります。

YouTubeでは、観ているファンの性別、年齢層、再生回数などのデータを見ることができます。つまり、**どのような人が動画を観ていて、どのような商品やサービスを求めているのかが普段の行動から予測できる**ため、視聴者にマッチしたサービスや商品を提供できるのです。これが「商品企画力」の部分です。

さらに、YouTubeというメディアの番組が持つ性質も、ファンの購買を加速させています。テレビは、たまたま流れている番組をなんとなく観るという側面の大きいメディアですが、一方でYouTubeは、検索したり、サムネイルをクリックしたりする**能動的な（自分が観たいと思って再生している）メディア**です。視聴までに、自身の意思や興味が反映されるため、**番組と視聴者の関係性はテレビよりも深くなる傾向に**あります。こうした複数の要素が絡み合って、YouTuberの商品力が構成されているのです。

YouTuberの持つ隠れた商品力に気づいていない人は、実は大勢います。それはものすごくもったいないことです。もし何も手を打たないと収益はジリ貧になっていくことが予想されているわけです。だからこそ今、ビジネスを始めるときなのです。

商品やサービスで稼げば、動画編集の外注費も捻出できる

第1章でお伝えしたように、一つの動画をYouTubeにアップロードするには、企画・撮影・編集・公開と、多くの作業が発生します。その中でも、編集の作業は、動画の確認・カット・テロップづくり・BGMや効果音の挿入・サムネイル作成などが

必要です。

もちろん、趣味で動画をつくるのであれば、これらの作業は苦にはならないでしょう。本業で収入を確保できているので、YouTubeの収入に一喜一憂することもなく、楽しく続けられるかと思います。

しかし、YouTubeで稼ぐことを目的にした場合は別です。

作業の重さが一気に両肩にのしかかってきます。YouTubeで収益を確保し続けるには、**継続的に動画をつくらなければならない**からです。

ご存じのとおり、再生回数による収益は総視聴回数――つまり、「トータルで動画がどれだけ再生されるか」に左右されます。つまり、トータルでの動画の再生回数を増やすには、**1本の動画だけでは不十分で、数多くの動画をアップする必要があります。**

当然、多くの本数を上げれば、それだけトータルでの再生回数は増えます。なおかつ、安定した収益を確保するには、**ファンが離れないように定期的に動画を公開し続けなければなりません。**チャンネルのテーマに沿い、見応えのある動画をあげる状況が続くと、作業は雪だるま式に増えていきます。そこに動画以外での作業、ＳＮＳ投稿やトレンド調査などが増えれば、やらなければならない作業は山ほど出てくるのです。

第1章でもご紹介したこの「一人ブラック企業」のような状況を避けるには、どうすればいいのでしょうか？

そのヒントは、タレントのYouTube活動にあります。芸能人やタレント、スポーツ選手のYouTubeには、カメラマン・放送作家など専門スタッフの姿が映ることがあります。ご存じの方もいるかと思いますが、実は、タレントのYouTubeはテレビ番組と同様に、チームで動画を制作しているのです。つまり、**YouTube活動の組織化**、これこそがYouTubeを継続する一つの大きなポイントになります。

「そうはいっても、外注の費用を出せるのは、芸能活動で活躍するタレントだけでは？」

と思われる方もいるかもしれません。

たしかに、著名人は、タレント活動という本業があり、そこでの知名度と収入を活かして、YouTubeの撮影に臨んでいます。専業のYouTuberにはない強みといえるでしょう。

しかし、最近では、**専業のYouTuberもチームで動画配信に臨んでいるケース**が多く見られます。YouTuberのヒカルさんや、カジサックさんなどが代表的な例として挙げられるでしょう。こうしたモデルを継続できる背景にもまた、「からくり」があります。

それは、稼いでいる専業のYouTuberは、ファンコミュニティの運営、コンサル、相談、商品販売……、と**複数の事業を展開し、「収益の柱をいくつか持っている」**という点です。

そこで得た収益により、編集作業を外注しているのです。ビジネスの基本は、「卵を一つのカゴに盛るな」とよく言われます。YouTuberの活動も「動画」という一つのカゴではなく、たくさんのカゴに売上を入れることが重要だということがおわかりいただけたのではないでしょうか？

YouTuberは「1億円の貯金箱」を持っている

「YouTubeは観る専門」「ましてやYouTuberになんてなれない」

そうつぶやく経営者の方々やインフルエンサーを後押しし、さらにはサブスクモデルを確立し、成功していく姿を数多く見てきました。私が提唱するサブスクビジネスは、**継続的に商品やサービスを購入していただき、安定した収益を確保しながら、増やしていく**ことができます。

というのも実は、YouTuberは、このサブスク型のビジネスと非常に相性がいいという特徴があるからです。

そういうと「継続して商品を購入してもらうには多くのフォロワーが必要になるんでしょ？」と思われる方がいらっしゃるかもしれません。

しかし、このサブスクビジネスでは、多くのフォロワーは必要ありません。配信を定期的に観てくれる「ファン」がいれば成り立つビジネスです。正直なところ、**100人のコアファンがいれば、1億円の売上**につなげることも難しくありません。

いったいなぜ、こうしたビジネスが可能なのでしょうか？

その理由の背景には、今ブームの「推し活」があります。ひと昔前までは、「推し」

はアイドルやアーティストなどに限定されていました。しかし、現在では、その裾野は広がっています。マーケティング会社の20代を対象とした調査によると、「推している対象」がアニメやゲームなど架空のキャラクターである人は44・8％、アイドル・アーティストなど実在の人物が対象の人は78・0％でした（複数回答可／出典：株式会社ネオマーケティング「推し活に関する調査」２０２３年：https://prtimes.jp/main/html/rd/p/000000343.000003149.html）。

さらに、**ファンは推しに対して「課金」することで、活動を応援したい**と考えています。そのため、ファンのグッズやプロデュースした商品などは、非常に売れやすい状況にあるのです。

バックエンド商品の開発と販売

ファンとは、言い換えると、**「固定のお客様」**です。固定のお客様は、高くても品質のいい商品を継続的に求める傾向にあります。そのニーズを満たすためには、バックエンド商品の販売が必要です。

このバックエンド商品とは、どのような商品なのでしょうか？

例えば、料理系のYouTuberであればレシピ本や数十人限定の対面料理教室、キャンプ系のYouTuberであれば、キャンプ用品・キャンプイベント、ショッピング系のYouTuberであれば、「1万店舗を回って〝これだ！〟と思ったオリジナル商品」などがバックエンド商品になるでしょう。

つまり、**自身のチャンネルのジャンルと視聴者層から、バックエンド商品を導き出せる**のです。趣味の商品は、高価格で販売できる可能性を持っています。

また、**YouTuberの強みは、ファンと双方向のコミュニケーションを取れる点**にあります。コメント欄でアンケートを取ったり、ライブ配信でファンに欲しいものを尋ねたりすると、開発する商品の具体性が上がるのです。

さらに、ファンの方も、あなたの質問に答えることで、プロジェクトのメンバーの一人であるという認識を持ちやすいので、親近感が増し、商品が売れやすくなります。

双方向による商品開発、つまり「継続して買ってもらえる高価な商品」の販売、これこそがYouTuberにとってのビジネスの勝ち目です。

愛される「ダイマ」 VS 嫌われる「ステマ」

これまでに述べてきたように、**「ファンの存在がいる」ことこそがYouTuberの最大の強み**です。

ファンと直接やりとりするなどの**「直接的なコミュニケーション」**は、テレビではできないYouTuberならではの強みです。これは**「ダイレクトマーケティング」**といわれますが、特にこの手法はファンに歓迎される方法です。

ファンはYouTuberを信頼し、YouTuberはファンを信頼する。その信頼構築の上でコンテンツや商品を提供することで、さらに収益を伸ばしていけます。稼いでいるYouTuberは、この双方のコミュニケーションがしっかりと確立しており、それが「強みになる」とわかった上で、最大限活かしているのです。

しかし、その一方で、コンテンツや商品のまわりには、**多くのYouTuberが陥る罠**があります。それは、自身のブランディングやチャンネルとマッチしない商品や好きではない商品の**ＰＲ案件を受けてしまう**ことです。

企業は、商品をＰＲしてくれるインフルエンサーやYouTuberを常に探しています。企業からすれば、「登録者数が多い」ことや「若い世代のファンが多い」という属性で案件を依頼することもあるでしょう。

こうしたオファーは、収益に困っている状況であれば、魅力的に映るものです。ついうれしくなって受けてしまうこともあるかもしれません。

しかし、実はこれが大きな落とし穴です。**案件と自身のチャンネルとの親和性がなければ、自身のブランドの毀損《きそん》へとつながってしまう**からです。

信用は、失うのは一瞬で、取り戻すには多大な時間と労力が必要になります。ブランドの毀損には相当な注意を払わなければなりません。

しかも、自分がそこまで詳しくない商品は、その良さを隅から隅まで把握することは難しいですし、「伝えたい」という情熱がない商品だと、どうしてもメリットだけの説明に留まり、広告のような印象を与えてしまいます。熱意のない広告は敬遠されてしまいます。

さらに、登録者と親和性がない商品であれば、まるで「押し売り」されているように感じてしまいます。また、スマートフォン上でありとあらゆる広告を目にするため、「広告疲れ」の状態になっているのも、広告を避ける要因といわれています。

いずれにしても、こうしたファン心理を理解せず、YouTuberが急に広告性を含んだ動画をアップしたら、視聴者はどう思うでしょう。おそらく「なんだ、また案件動画か、結局お金が欲しいのか……」とガッカリしてしまい、「応援したい」という熱が冷めてしまうのです。

さらに、PR案件ということを詳しく説明せず、ステルスマーケティング（広告案件と知らせずに商品紹介をする）のような形で実施すると、ステマ規制法にもひっかかります。これは、YouTuberだけではなく、インスタグラマーでも同様です。

「世界観を大事にせず、儲けることに走った」と思われることは、YouTuberにとってタブー。それを知らずに、残念ながら業界を去らざるを得ない人があとを絶ちません。それが現在のYouTube業界の現状です。

ファンが「応援して楽しむ」というコンテンツを目指す

一方で、第1章でご説明したように、YouTuber の多くは苦境に立たされています。「広告案件もこなさないと収益を確保できないよ」と思われるかもしれません。

しかし、前述してきたように、収益を確保する方法はあります。実際に **YouTuber 本人が心の底から好きな商品のおすすめや自身のこだわりを注ぎ込んで開発した商品やサービスはファンから歓迎されており、**それらの宣伝であれば、ファンからの信用は失いません。

それは、**ファンにとって、「応援して楽しむ」という一つのコンテンツとなっているからです。**つまり、「観せられている」のではなく「楽しませてくれる」という感情につながっているから、応援したいという感情になるためです。

YouTuber の世界観とマッチしない商品やサービスの紹介はファンに嫌われますが、

逆にいえば、世界観とマッチした商品やサービスの紹介はファンに好まれます。

前述した推し活用としてコアなファンは商品やサービスを求めています。

ぜひ**ダイレクトマーケティングを活用しながら、ファンの信用に応えたコンテンツを有償で提供する**ようにしましょう。ダイレクトマーケティング（直接ファンとの双方向のやりとり）は、YouTuberにとっての収益と、ファンにとっての応援をつなぐ架け橋となるはずです。

自分がCMタレントになるから、広告費はゼロ

現代は、商品やサービスが飽和している時代です。そのため、企業は、消費者にどのように自社の商品やサービスを知ってもらうか、試行錯誤を繰り返しています。例えば、ＳＮＳで話題になることを意識したり、ネット広告を出したり、動画コンテンツを作成したりと、時には広告代理店やＳＮＳプランナーといった専門家の手を借りながら、打ち手を考えているのです。

今挙げたような部分、つまり「広告費」が会社経営において、最も多くの費用を占

めるといわれています。事実、大手企業の決算書を見ても、広告費（営業活動費用）に多大な費用がかけられているのがわかります。

つまり、裏を返せば莫大な資金力がなく、認知活動に注力できない会社は倒産するという末路をたどってしまうのです。

なお、**企業が倒産する理由の70％が「売上不振」によるもので**、これらは商品サービスの認知が上がらなかったことに起因しています。

しかし、YouTuberは、自ら宣伝のためのコンテンツをつくり、出演し、自身のチャネルに載せることができます。つまり、広告費用がかからないのです。なぜそんなことが可能なのか。詳しく見ていきましょう。

まず、宣伝のための動画は、普段と同じようにカメラを回し、開発した商品やサービスについて、アピールすればいいだけです。もちろん撮影と編集の手間はかかりますが、**印刷費や媒体に掲載するなどのいわゆる広告費用は発生しません。**

次に、宣伝のための動画には自身が出演するため、**タレントやインフルエンサーを**

起用する費用は発生しません。また宣伝のためのチャネルは、自身のYouTubeチャンネルを使用できます。

さらに、普段の動画配信でも、**サービスや商品を求めているファンへの宣伝は可能**です。YouTubeの動画を再生していると、動画の最初や最後にイベントや商品の告知が入っている様子を、あなたも観たことがあるかと思います。これは、YouTuberが手がけるサービスや商品の広告といえるでしょう。

「普段の動画にCMを打てる」という最強メリット

ではなぜ、普段の動画にCMを打てるとメリットがあるのでしょうか？

それは、商品の認知度アップへ大きくつながることと深い関係があります。購買までのプロセスは、**認知・関心・欲求・記憶・行動の順番で推移**しますが、始まりの「認知」のステップがうまくいかないと、行動までたどりつけず、売上が上がりません。言い換えると、周知して認知してもらうというステップは、購買の土台となる部分で非常に重要なのです。

そのため、企業は、多くの費用を投じて、商品を認知してもらう状態へ導くために、テレビやYouTubeでCMを繰り返し流しているわけです。

その点、**YouTuberは「認知」の段階を自身の動画でできるため、特別な費用はかかりません。**ここが大きな強みといえるでしょう。しかもどのような層が視聴しているのかも最初からわかっている、という強みもあります。「どの層に支持をされているのか」「ファンが何を求めているか」もある程度予測することが可能なのです。

実際に、登録者数が100万人を超えるようなトップYouTuberを見てみると、次々とサービスや商品をリリースしています。もし、企業が同じ動きをするのであれば、宣伝に費用と時間がかかるため、リサーチや費用対効果をしっかり検討するというステップが必要なため、このようなスピード感でのリリースは難しいでしょう。

つまり、YouTuberは、どんなサービスや商品が求められているのかを視聴者層や双方のやりとりをすることで、**しっかりとニーズを理解した状態でスタートできます。**

また自身が商品やサービスの広告塔として広告をつくることができます。さらに広告を載せるためのチャネルを持っているため、**広告費を気にせずに迅速に多くの商品やサービスを開発することができます。**つまり余分な広告費をかけない分、「収益の柱を築きやすい」ということがいえるでしょう。

ファンは「ライトファン」と「コアファン」に必ず分ける

ここまでYouTuberにとって、ファンの存在が大きいと繰り返しお伝えしてきました。ファンの方々の支えによって、YouTuberは継続的な活動を実現できるのは間違いありません。

ファンには、**「ライトファン」**と**「コアファン」**が存在し、この2種類のファンは、明確な違いがあります。

その違いとは、コンテンツへの課金の有無です。具体的にいえば、ライトファンは、無料のコンテンツを楽しんでくれる方で、コアファンはサービスや商品を購入してくれる方になります。

「課金の有無でファンを分けるなんて……」と気後れする人もいるかもしれません。もちろん、YouTuberにとってはどちらのファンも大切です。

しかし、**大きく稼いでいるYouTuberやインフルエンサーは、「ライトファン」と「コアファン」へ提供するコンテンツを必ず分けています。**なぜなら、継続的なYouTube活動にかかわってくるからです。課金といっても、500円や980円といった**少額でいい**のです。少額でも課金している人としていない人では、熱烈なファンになってくれる可能性が変わります。

新規購入者には、既存購入者の5倍のコストがかかる

あなたは、「1：5の法則」という言葉を聞いたことがあるでしょうか？

マーケティングの世界でよく使用される単語ですが、**購入経験のない方にサービスを購入してもらうには、1円でもサービスや商品に購入したことのある方よりも5倍のコストがかかる**という考え方です。少額でも課金しているお客様とそうでない人とでは熱狂的になるファンになる割合が変わってくる、ということがいえます。

コアなファンとは反対の無料のファンたちは「フリーライド」といわれますが、このお客様にコストをかけたからといって、高い利益率を得られるわけではありません。そればかりか、コストをかけた新しいお客様がもたらす利益率は、既存のお客様よりも低くなる傾向にあるともいわれています。

もちろん、ゼロから始めた事業をスケールしないといけない場合は、新しいお客様の獲得が必須でしょう。しかし、YouTuberはそうではありません。これまでに活動を支えてきたファンがいるため、むしろ**既存のファンを大事にすることのほうが先決**なのです。

ファンの中には、熱量が高く、お金を払って応援してくれる方も多くいます。つまり、**熱量の高いファンを「コアファン」と認識し、この方々を満足させるサービスを提供したほうが、高い利益率を得られる可能性が高い**のです。

「コアファン」と「フリーライド」を分けないリスクにご用心

逆に、お金を払っている「コアファン」とお金を払っていない「フリーライド」を区別せず、提供するサービスが同じになれば、**「コアファン」は不満に思い、離れていくことでしょう。**そうすると、収益の柱もなくなり、継続的な活動は難しくなります。

つまり、「コアファン」に向けたサービスを展開し、また、高い利益率を上げることで、YouTuberとしての活動を長く続けられるようになれます。活動を継続していると、サービス全体の品質も向上し、コアファンにもより高品質なサービスを届けられるようになるため、フリーライドもコアファンも喜びます。

つまり、**「フリーライド」と「コアファン」を分けてサービスを提供することで、YouTuberもファンもWin－Winの関係になれます。**両者を明確に分けて、それぞれ異なったサービスや商品を提供する。長期的にYouTuberを続けていきたいのだったら、絶対にインプットしておいてほしい考え方です。

「ファンの期待に応える商品やサービス」でアップセル・クロスセルも自由自在――パレートの法則

本章では、稼げるYouTuberになるためのヒントをいくつかお伝えしてきましたが、最後に、「ファンの期待に応えることの大切さ」についても、ご紹介しておこうと思います。

ここでちょっと、あなたの日常生活を思い返してみてください。「1回買い物をしたブランドが良かったので、別の商品も買ってみた」という経験はありませんか？あるいは、「この商品が良かったから、1つ上のランクの商品を買ってみた」という経験はありませんか？

これらは、その前提として**「その商品を購入した経験」**と**「提供する会社や個人への好意」**を持っています。

つまり、**商品を購入してくれた方は、「あなたの商品を待ち望んでいた方」**ともいうことができます。

一度でも有料で商品を購入した方は、**リピーターになりやすく、いわば「異なる商品の見込客」**でもあります。さらには満足度の高い商品を提供し続けると、非常に高い利益をもたらしてくれる優良顧客になる可能性を持っているのです。

これは**「パレートの法則」**を参照するとわかりやすいかと思います。

「パレートの法則」とは、**ある母集団における結果の80％は、上位の20％の要素で構成される**という法則です。企業の事業における売上パレートを見ていくと、上位20％の商品が売上の80％を占めていたり、上位20％の顧客の売上が全体の80％を占めていたりするケースは決して珍しくありません。

この「パレートの法則」はYouTuberやインフルエンサーの事業でも当てはまります。つまり、20％のコアファンとの関係をしっかり築き、満足度を高めることで、アップセル・クロスセルにつながり、事業の収益が成長します。

※アップセル……より高額商品やまとめて買ってもらうなどの売上のこと。
※クロスセル……関連する商品やサービスをついで買いしてもらう売上のこと。

コアファンはお金に糸目をつけずに買う

これまでに私が見てきたYouTuberの中には、数十万円の限定サービスを販売できた方もいました。また、「えっ、そんなものが売れるの？」と一般の人からしたら欲しがらないような、ニッチな商品も売れています。

なぜこのようなことが実現できているのか？

それは、ファンとの関係を構築することで、その需要を聞いているからです。

YouTuberやインスタグラマーの強みは、コアファンと双方向でコミュニケーションを取れることにありますが、その実践により大きな成果へとつながっているのです。

もちろん何十万人という視聴者やフォロワーの数は、問題ではありません。むしろ**少ないフォロワー数のほうがきめ細かな丁寧な対応ができて、有利かもしれません。**

まずは、あなたが商品やサービスを購入したいと思ってもらえるように、**信頼される行動を続ける**こと。その先には、高価な商品を買ってもらえたり、別の商品を買ってもらえたりと着々と収益の柱が築かれていきます。

これはもはや、発信者という域ではなく、一つのビジネスを動かす経営者としての行動といってもいいでしょう。

YouTuberは十分、それができる資質を兼ね備えていると私は考えています。そして、実際に数千万以上の売上を上げてお金の不安から解放された何人もの実践者も見てきています。

では、第3章以降でその具体例をこれから実際に解説していきます。どうぞお楽しみください。

第3章

ファンをよく見て、ファン層に合った商品を逆算する

商品開発における一般メーカーとYouTuberの圧倒的な違い

第2章では、YouTuberは特定の「ファン」がついているため、サービスや商品を展開しやすいとお伝えしてきました。しかも、数万～数十万人という数は必ずしも必要ではありません。

それでも、「さすがにそんなにうまくいかないのでは？」と思われる方もいるでしょう。おっしゃるとおり、いくらファンがついているからといって、やみくもに商品を開発しても、うまくいきません。

大切なのは、ファンのニーズを満たすような商品を販売することです。

とはいえ、「いきなりニーズに合った商品やサービスを開発するといっても……」と思われる方もいるかもしれません。

たしかに、ゼロからプロダクトを開発するのは大変です。一般的な企業の商品開発であれば、市場のリサーチ、競合調査、値決めなどの膨大なマーケティングリサーチも必要になるでしょう。

これらは、ひとえにお客様のニーズを的確にとらえ、さらにはお客様の欲しいものを適切な価格で届けるために、発生する工数です。それにもかかわらず、企業は商品販売の段階で、お客様の姿をほとんどキャッチできていません。そのため、市場リサーチや調査などを通じて、その精度を上げる作業をしています。

一方で、YouTuberの場合はどうでしょうか？

これまでもお伝えしてきたようにYouTuberには、ファンという顧客をすでに獲得しています。しかも、ファンの方とは、直接の交流もできる。この**「ファンとの交流ができる」**ということが、非常に重要です。なぜなら、あなたの商品を買いたいと思っている方へ**直接ニーズの調査をできる**からです。

つまり、ファンの方の声を直接集めながら商品開発を行なうことで、企業が苦労する商品開発に必要なフローをクリアできるのです。

ファンの声とは、いわば商品やサービスを開発する「種」となるもの。その種を集めて、大きな花を咲かせることが、ビジネスの成功といっても過言ではありません。

この章では、ファンの声を集めるメリットや、具体的な収集方法についてお伝えしていきます。

ライブ配信に来てくれる「コアファン」に欲しいものを聞こう

ではここで、いきなりですが質問です。

あなたのチャンネルを登録してくださっているフォロワーの中で、最も商品を購入してくれる人は、いったいどんな人だと思いますか?

ちょっと考えてみてください。

正解は一つではありませんが、まず言えるのは、**熱心にコメントや感想を送ってくれたり、いつもSNSで拡散してくれたり、配信でスパチャを送ってくれたりする「コアファン」**です。

「コアファン」の方は、推しのYouTuberを応援したいと考えています。そのため、自身の需要を満たしてくれる商品があれば、積極的に購入を検討してくれる方ともいえます。

もちろん、商品は何でもいいわけではありません。自身のつくってきた世界観とマッチすることが重要です。

しかし、それにもかかわらず**YouTuberやインフルエンサーがつい陥ってしまう罠**があります。

それは、**自分の好きな商品を販売してしまう**ことです。

極端な例になりますが、ビジネス系の発信が人気なのにもかかわらず、いきなりTシャツなどのアパレル商品に手を出してしまうようなケースが挙げられます。

もちろんTシャツなどはファングッズの定番ですし、イベントなどで販売すると記念品として売れることもあります。

しかし、多くのコアファンは「え、なんでTシャツ？」と疑問に思ってしまうはずです。**チャンネルとの親和性はものすごく重要**です。ビジネスとファッションというカテゴリが違うので、ファンは違和感を覚えます。

違和感を覚える例としては、オリエンタルラジオの中田さんが作成したグッズが挙げられるでしょう。

彼はオリジナルのノートやお守りを販売しました。結果としては一定の売上を達成したようですが、これは一般のYouTuberでは真似できません。中田さんが、テレビ番組に出演するほどの知名度があったこと、さらにはリアルな講演会やライブといった販売場所があったからです。一般のYouTuberがお守りやノートを販売したら在庫の山になっていると思います。

それでは、「コアファン」に商品を買ってもらうにはどうしたらいいのでしょうか？

答えはいたってシンプルです。繰り返しになりますが、直接、ファンの声を聞き、顧客のニーズをキャッチすること。つまり、**ファンが「求めている商品やサービスを提供するだけ」**なのです。

コアファンのニーズを集める方法

では、どのような方法でニーズを集めればいいのでしょうか？

まずは、通常の動画で商品制作の検討をしている旨を伝えて、コメント欄で意見を集めてみましょう。

それができたら、次はライブ配信や動画コメント欄で視聴者とやりとりをしていきます。**ライブ配信を聴きにきてくれる方は、コアファン**です。「あなたの力になりたい」と思っている方たちなので「こういうサービスがあったら加入したい」「こういう商品があったら購入したい」、もしくは、「こういう商品がなくて困っている」と教えてくれる方も多くいます。

月額の有料コミュニティ、ファンを巻き込んだオフ会、オリジナル商品など、さまざまなアイデアが集まるかと思います。まずは、**需要を知ることからスタート**しましょう。

また、これらのヒアリングの活動は、視聴者を巻き込むため「ファンと一緒に商品をつくり上げた」というのもいいと思います、これは一つのコンテンツにもなります。

ファンに「推しのYouTuberと一緒につくった」というかけがえのない商品を提供することは、購買意欲に大きなインパクトを与えます。

一人でつくったのではない、**「視聴者の声から生まれたオリジナル商品」**は、視聴者も一緒になって商品をつくった感覚になります。そのため、必ず商品やサービスを買ってくれるのです。

こうしたプロセスによってYouTuberとファンとのつながりが深くなり、コアファンはいっそう熱狂的なものに、さらには、**今までライトファンだったファンを、コアファンへと押し上げる**ことにもつながります。

商品開発を行なうのは一見手間がかかり、大変に思うかもしれません。しかし、実はこの「大変さ」がファンを惹きつけるエンタメになることをぜひ覚えておいてください。

サブスク購入のハードルは、着実に下がってきている

「コアファンに話を聞けば、売れる商品ができる」とお伝えしましたが、なかには「いやいや……そんなにうまくいくわけないでしょ」と思われる方もいるかもしれません。しかも、商品が売れるだけでは不安は消えないでしょう。

収益化を考えるのであれば、**継続的に売上が上がるサブスク型にする**のがおすすめです。

とはいえ、インターネットで製品やサービスを継続購入するのをよしとしない古い考えを持っている人も一方では存在します。

しかし、ちょっと考えてみてください。

現代はAmazonやNetflixに代表されるようなサブスク型の月額制のサービスを使うハードルは非常に低くなりました。２０１９年には「サブスク」が流行語大賞にもノミネートされるほど一気に浸透しました。さらには、２０２０年のコロナ禍の影響により、ＥＣサイトで製品を購入する機会も増え、さらに現在では、ライブ配信で製品を販売する**「ライブコマース」**の市場も伸び始めています。

これは「信用できる（共感できる）」と判断した事業者やインフルエンサーから商品やサービスを購入するハードルが非常に下がっていることの現れだといえます。

もちろん、「お試し」で申し込む方もいるので、解約するハードルも下がっています。

しかし、購入した方を満足させるサブスク型の商品やサービスを提供できれば、継続的に課金し続けてくれます。実際私のまわりの YouTuber は定期的に安定した売上を出し続けています。

なぜ YouTuber が開発した商品は、ファンから購入してもらえるのか？

ではなぜ、YouTuber の開発する商品はファンから購入してもらえるのでしょうか？　その理由を考えてみましょう。このとき動画を観る理由を考えてみると、わかりやすいかと思います。

あなたが動画を観るとき、どんな気持ちで再生ボタンをクリックして、最後まで観るのでしょうか？　「タメになる」「笑えておもしろい」「わからないことを教えてくれる」「頑張っているから応援したい」など、さまざまな理由があるでしょう。

しかし、最も大きな理由は、**「共感できるから」**ではないでしょうか？　「そうそう、この YouTuber がいっていること、よくわかる」「私もそう思っていた」のように、

考え方や価値観で共通する部分があるということです。

逆に言うと、ファンに支えられているYouTuberは、そのファンの方々に動画を流すことで、共感という**「情緒的な価値を提供できている」**ということ。そのため、ファンは「この人の商品を購入しよう」と感じるのです。

商品・サービスに存在する2つの価値

では、コンテンツに情緒的な価値があると、なぜ商品購入のきっかけになるのでしょうか。

その前に、商品やサービスには、2つの価値があることを説明しておきましょう。

まず、1つ目が**機能的価値（スペックの部分）**。これは、商品やサービスの機能面における価値です。

例えば、スマートフォンであれば、処理能力の速さやバッテリーの稼働時間、きれいな写真や動画を撮影できることが機能的価値として挙げられます。これは商品を使う上での土台となる部分です。現代における商品やサービスには、高機能化が進んでいるため、最低限の機能的な価値は必要になるでしょう。

次に、その機能の上に成り立つ、**情緒的価値**があります。言い換えると、「このブランドを購入して良かった」「この人（会社）が出している商品を買いたい」「かっこいい」「ファンだからこの人から買いたい」と思える価値です。

例えば、ルイ・ヴィトンの製品を購入すると、「ブランド力があってかっこいい（他より何倍もするのに高くても欲しい）」と、心理的に思えることは、情緒的価値の代表例です。

特に現代はモノやサービスがあふれており、スペックで差別化することはとても難しく、スペックの差をアピールするブランドは少なくなっています。そのため、**商品やサービスの差別化をするには、特に情緒的価値が重要**といわれています。

しかし、この情緒的価値は、一朝一夕で獲得できるわけではありません。その商品やサービスに触れる機会を増やすとともに、一貫した世界観を確立することが重要です。ルイ・ヴィトンは、この世界観がきちんと構築できているからこそ、スペックはほぼ同じでも、何倍もする商品が世界中で売れており、多くのコアファンがついているのです。

もしあなたの動画にファンがいるとすれば、それは**一定の情緒的価値を与えられているといっていいでしょう**。動画を観てくれる人がいることは、視聴者にとって共感のポイントがある、ということ。その共感が製品購入の理由にもつながるのです。この方程式を崩さないためにも、繰り返しお伝えしているように**「世界観を壊さないこと」**が何よりも重要です。

「お悩み相談」に答えるだけで、ニーズがわかる

さて、ニーズをキャッチする方法の一つとして私がよくおすすめするのが「お悩み相談に乗る」というものです。

あなたも仕事や人間関係、恋愛で悩んだときに、「誰かに話を聞いてもらいたい」と感じることがあるでしょう。その際、自身の家族や友人に相談をする方もいるでし

ょうし、あるいは自力で対処していく方も多いかと思います。

しかし、その対処法として、第三者に話を聞いてもらうという選択肢も一定数存在します。

ファンにとってのYouTuberは、信頼のできる有識者の場合もあれば、憧れの人でもあるかもしれません。しかし、多くのファンにとって**「親近感のある他人」**ともいえます。

利害関係もない、だけど親しみがある。つまり、YouTuberは、悩みを打ち明ける相手として適しています。**特に士業など、「先生」といわれる職種の方はYouTubeと相性がいい**とされています。

「この先生はいい人だな」「フィーリングが合いそう」など、共感を持ってもらえると顧問契約や継続的なお客様になりえます。

YouTuberの「お悩み相談」に、ビジネスとしてのニーズがあることがなんとなくでもおわかりいただけたのではないでしょうか？　実際、有名YouTuberの中には定期的にお悩み相談を開催して、ファンの年齢層や悩みをストックし、そこから「どんなモノ、サービスを必要としているか」を分析している方も多くいます。

なお「お悩み相談」で、気の利いたことを話す必要はありません。大事なのは「**ファンに寄り添う**」**という姿勢**です。ぜひ**ファンコミュニティ**などの有料サービスを展開し、積極的にお悩み相談を受けるようにしましょう。

一度アイデアが採用されたファンは、さらに「コアなファン」になる

先ほどお伝えしたように、商品開発にはファンの声を聞くことが重要です。もちろんニーズをキャッチする目的もありますが、それだけではありません。ファンとのつながりを深くするためでもあります。いわば「**コアファンを増やすこと**」がYouTuberとして生き残るための戦略といってもいいでしょう。

では、どのようにコアファンを増やせばいいのでしょうか？

そのヒントは、「ラジオ」にあります。ラジオのリスナーとタレントは、ハガキやメールを通じて、交流を深めていきます。それは、昔も今も変わりません。

リスナーがハガキやメールでテーマに沿ったエピソードを投稿。タレントはその投稿を読み上げ、リアクションをします。ここで、何が起こるかというと、タレントに取り上げられたことにより、リスナーはファンへと変わります。

ファンはラジオを聞く頻度がさらに増え、トークテーマのエピソードを投稿します。また取り上げられることで、コアファンへと変わっていきます。その理由は、単純明快です。**「私だけのためにコメントしてくれた」**という喜びがファンの心をグッと惹きつけるからです。

これはラジオ以外のやりとりでも見ることができます。

コアファンに支えられている存在の典型例として、演歌歌手が挙げられます。まわりから見ると「そこまで有名でもないのに、なぜ熱狂的になれるの……?」とその熱意に驚くことがあります。しかし、その背景には明確なロジックがあります。それは、**ファン一人ひとりとの交流**にあります。

演歌歌手は、全国の商業施設などを巡り、ファンとの交流機会を多く持っています。さらに定期的にディナーショーなども開催。そこでは、一人ひとりに声をかけ、握手などのファンサービスを行なっているのです。

「憧れの人と近づけた」「自分を見てくれた」

そんな感動がファンの心をつかむわけです。「歌手のディナーショー」などはまさにその典型といっていいでしょう。会場で一緒に食事をした、写真を撮ることができた、話す機会があったという経験が、ファン度を一気にアップさせるのです。

ファン度をアップさせるのは、リアルだけとは限りません。YouTuberは、普段の配信からファンとの交流があるはずです。そこで、コメントを返すことやコメントを動画の中で取り上げることでその絆は深まります。

さらに、**商品開発においてのアイデアを採用すれば、さらに絆は深まる**でしょう。推しの人と一緒に、一つのプロジェクトメンバーになれるため、さらに関係性が濃くなります。ファンの中には「私のアイデアが採用された！」といって、まわりに宣伝してくれるかもしれません。そうなれば、商品やサービスの宣伝効果にもつながります。

ファンとどんどん交流する。そして、積極的にファンの声に耳を傾け、アイデアを採用していくことで、あなたのビジネスは飛躍的に伸びていくはずです。

「視聴者ニーズ×売れるジャンル」の商品・サービスを探そう

ではここからは、具体的に「どんな商品やサービスをつくればいいのか」についてお伝えしていきます。

まず、覚えておいてほしいことは、YouTuberやインフルエンサーのビジネス成功のカギは、**「商品設計にある」**ということです。

「商品設計」が組み立てられていれば、商品は自然に売れていきます。そして、「商品設計」は、**「視聴者ニーズ」と「売れるジャンル」をかけ合わせる**ことで進めやすくなります。

売れる「商品開発」3つのポイント

ではYouTuberやインフルエンサーは、どのような点を意識して、視聴者の声を集めながら商品開発を進めればいいのでしょうか？

具体的に3つのポイントを紹介します。

「悩み」の強い人をターゲットにする――ポイント1

1つ目のポイントは、**ターゲティング**です。どんな人に商品を買ってもらうか、これは購入の動機から考えていく必要があります。

人がモノやサービスを買うには、**2つの動機**があります。

1つ目が、**自分の生活を豊かにしてくれるもの**です。例えば、新車や最先端のスマホ、ロボット掃除機などが挙げられるでしょう。購入することで所有欲を満たし、使用することで自身の生活をより快適にしてくれます。

しかし、この動機を持つ人をターゲットとしてビジネスを展開するには、大きな欠点があります。それは、生活や経済状況に余裕がないと、顧客がなかなか購入へと動いてくれないという点です。しかも、そのハードルを乗り越えるには、「どんな生活を実現したいか」という潜在ニーズをキャッチするためのマーケティングを施し、高いクリエイティビティを発揮して製品を開発する必要があります。ビジネスを展開する上で誰もが知るブランドを築けていたり、何度か事業の立ち上げやスケールの経験があったりする人はこちらに取り組むのもいいでしょう。

しかし、個人で取り組むとなると、ビジネスの難易度は格段に上がります。

では、個人でビジネスを展開する人は、どのような感情を持つ人をターゲットにすればいいのでしょうか？

それは、**「悩みを持つ人」**です。不安や不満、不便や不幸、わからないことがあって解決できない、などです。

満たされないマイナスの感情は、人に大きなストレスを与えます。ストレスが蓄積されると、同時にそれをなくしたい気持ちが表れます。

つまり、マイナスの感情に関しては1日でも1秒でも早くなんとかしたいという行動が伴うものなのです。現代は未来や老後の不安、さらには人間関係のストレスなどマイナスの感情はあちこちに転がっている、といっても過言ではありません。

これらを

「解決したい」
←
「解決するにはどうしたらいいか」
←
「解決するための手段がほしい」

と、常に感情の推移が起こっているといってもいいでしょう。ここに目をつけるのです。

さらに、**悩みは、深刻であればあるほど、ビジネス的にはメリットになります。**「悩みを解決したい」という欲求がそのまま購買意欲となって、爆発的に売れる商品になるからです。

また、**悩みの解決は緊急性が高く、多くの人に共通する**ため、ニーズもキャッチしやすいという特長もあります。直近ではインボイスについて解説動画をあげた税理士YouTuberの動画がわかりやすいということで、１００社を超える顧問契約を獲得したケースもありました。

仮に3万円の顧問契約であれば、決算書の作成もあるので1社当たり年間50万が契約金額となるでしょう。それが100社もあればそれだけで5000万円、しかもほぼ利益になります。また、顧問契約なので、サブスク的に売上が積み上がっていくので、すぐに億を超える売上になります。

サブスク（ストック）型でさらに積み上がっていく売上をつくっていくビジネスモデルは、ぜひYouTuberやインフルエンサーの皆さんも覚えておくようにしましょう。

つまり、視聴者のお悩み相談をヒアリングし、商品開発の種となるニーズを集めることがキャッシュポイントにつながります。

商品への「納得感」を訴求する――ポイント2

2つ目のポイントは、**商品への納得感**です。

先ほど、お客様が商品を購入する動機の一つに、「悩みを解決したい」という理由があるとお伝えしました。しかし、そこから、購入への階段を上っていただかなければいけません。そのためには、**「なぜあなたの商品を購入し、悩みを解決できるのか」**を購入者に向けてわかりやすく訴求する必要があります。

では、どのように訴求すればいいのでしょうか？　キーとなるのは、**悩みが解消される理由をピンポイントで説明する**ことです。「悩みがある」ということは、これまでにさまざまな解決方法を試しているはずです。しかし、それなのに解決できていないから悩んでいるわけです。そのため**「なるほど、そういうことか」と納得できる理由をわかりやすく訴求してあげる**必要があります。

つまり、「この商品であれば、自分の悩みを解決できるかも」と直感的に納得できる商品づくりに取り組まなければいけません。

では、どんな商品が悩み解決につながるのでしょうか？

悩み解決ができて、さらに継続的に使い続けることで効果が現れる商品は、最も相性がいいものです。具体的には**「習慣化して使い続ける日用品」**です。ずっと使い続けてくれます。

ダイエットサプリ、シャンプー、白髪染め、ホワイトニング（歯磨き粉）、まつげ美容液、クレンジング、アロマオイル、マウスウォッシュ、しみ・しわ予防の化粧水、ファンデーション、ナイトブラ、いぼケア、目元ケア、爪ケア、制汗、ワキガ石鹸……。

これらは、一度「これだ」と思った商品が見つかると、長くリピートする傾向がある商品です。なお、価格帯は、５０００円～１万円程度に設定しましょう。

たった１つの商品ラインナップで売上が１億円を超えることも十分に可能だからです。

例えば、単純に１０００～２０００人の固定客がいれば、売上１億円はすぐに超えてしまいます。私は１つの商品で売上10億円を超える商品を世の中に複数出してきましたが、２つの商品で１００万個以上売れており、累計販売価格も１００億円を超えました。**サブスクと悩みを組み合わせることで、売上は無限大**に広がります。

新規性（新しい切り口）と商品をあなたから買う理由を明確にする——ポイント3

最後のポイントは、**商品の新規性**です。人の悩みは、特別な状況ではない限り、普遍的なものが多々あります。

「仕事を辞めたい」「異性にモテたい」「損をせずに楽にお金を増やしたい」「めんどくさい問題を解決したい」……。

おそらくあなたも悩んだ経験があるでしょう。

これらの悩みは、多くの人に当てはまるため、解決するための商品やサービスも多数あります。市場が大きい分、当たれば大きな売上となりますが、その一方で競合も多いのです。

ではこのような状況で、**あなたの商品を選んでもらうためには、どうしたらいいのでしょうか？**

そこで重要になるのが、**商品やサービスの新規性**です。もちろん世の中を見渡すと似ている商品やサービスは非常に多く、新しいものを生み出すのは簡単ではありません。それでも、**新しいコンセプトを考えていく**ことが重要です。

新規性を言い換えると**「差別化」**ということになります。つまり、ライバルの商品ではなく、**あなたの商品を購入するための理由**です。それを上手に設定することで、同じ商品に付加価値を持った新しい商品が生まれます。

例えば、サービスであれば、一番悩む部分だけをピックアップして、ワンプライスで提供してあげる。さらには、価格とサービスをシンプルにしてもいいでしょう。「全部頼むと高いけど、自分ではある程度はできるのでここだけお願いしたい」という絶妙なプライシングをするのがコツです（不要なサービスはしませんと言い切ってしまうのです）。

今までにあるものでも、新しい切り口で新規性は出すことはできます。

３つのポイントをお話ししてきましたが、いきなりすべてを満たす商品やサービスを見つけるのは難しいかもしれません。あれこれ試行錯誤しながら、「自分のチャンネルと親和性の高いものはどれか」「どこで差別化を図れるか」を考えてみてください。

一方的につくるより、ファンと一緒につくるから売れる

前項で挙げた3つの中で、最も難しいのがおそらく「新規性」でしょう。

では、商品に新規性を持たせるためにはどうしたらいいのでしょうか？　実はこの部分に効果を発揮するのが**「ファンの存在」**だと考えています。

例えば、あなたと似たようなチャンネルを持っているYouTuberがいたとしましょう。しかし、たとえ動画の内容が少し似ていたとしても、ファンまでまったくかぶることはありません。

つまり、**あなたはファンも含めることで「唯一無二」の存在になれる**のです。ファンの意見を聞き、商品やサービスをつくる。ここに新規性のヒントが隠れています。

何度もお伝えしていますが、**「ファンとあなたが一緒に商品をつくる」という体験とプロセスは唯一無二のもの**です。

では、ファンと一緒に商品やサービスをつくると、他にどのようなメリットがあるのでしょうか。

最大のメリットは、**ファンに「自分がつくった」という強い想いを残すことができる**点です。

高校生や大学生のときに参加した文化祭や学園祭を思い出していただけるとイメージしやすいでしょう。文化祭や学園祭は、イベントそのものは学校が準備しますが、基本的には自分たちの出し物については時間をかけてつくっていったはずです。しかも「自分たちでつくり上げている」という当事者意識が強いため、文化祭当日には来てもらおうと知り合いに声をかけたり、人によってはSNSで拡散したりと積極的に自ら進んで広報活動を行なっていたでしょう。

YouTuberとファンとの商品開発も、これと同じです。**要所要所に「一緒につくっている」という感覚を盛り込む**のです。

もちろん、YouTuberやインフルエンサーの商品開発はビジネスなので、文化祭や学園祭とは異なります。しかし、自分たちもつくっているという当事者意識を味わえる要素は、商品開発のプロセスで取り込まなければなりません。

そうすることが最後の購入の場面でフックとなって効いてくる、いわゆる**巻き込み型のマーケティング**といっていいでしょう。**つくっていくプロセスも、サービス誕生のプロセスも、すべてファンと一緒につくっていく**のです。

ファンの当事者意識を醸成させる

しかもこの出来上がるまでのプロセスは、いわば**「開発ストーリー」**になります。

「こんなに何回もミーティングを重ねてつくったんだ」「時に意見が対立することもあったけど、それも楽しかった」「絶対にいい商品だから買ってもらいたい」……。

このような体験があることで、いわゆる**「ナラティブアプローチ**（事実の列挙だけでない当事者の意思や感情が反映されたストーリー）」が可能になります。

当事者の意思や感情が反映されたストーリーを持っている商品やサービスには、YouTuberの考え方はもちろん、ファンの想いもそこに乗っかります。

そのため、**「商品をつくった」という事実が付加価値**となり、購入の動機につながります。**結果的に他の商品との差別化になります。**

アイドル発掘番組は投票などを行なったりすることによって参加型（巻き込み型）でファンを形成していきます。「投票したから頑張ってもらいたい」想いが、ファンをコアファンへと押し上げていきます。

ここまでお伝えすると、YouTuberやインフルエンサーがいくら性能のいい商品を売ろうとしても売れないのかが、あなたも実感できたかと思います。どんな商品でも、世の中には同じような商品やサービスがあふれています。さらにどれだけスペックや品質が良くてもお客様に買いたいと思ってもらえなければ何の意味もありません。

結果的に商品が売れず、商品が売れないと口コミも集まらず、認知も拡大しません。

自ら開発した商品にもかかわらず、市場の海の中へ消えてしまいます。

せっかく商品やサービスをつくるなら、そうはさせたくないですよね。ぜひ、**今一度「ファンとの交流」に目を向け「一緒に商品をつくる」マインド**に切り替えてみてください。

商品開発は、サブスクを見据えて考える

ビジネスを継続していくための基礎となる部分、それは**安定した収益の柱**です。この収益の柱を築けず、安定したビジネスをできずに、廃業したビジネスパーソン、YouTuber、インフルエンサーは少なくありません。

なぜ売上の基礎が必要なのでしょうか。毎月ゼロからスタートするビジネスだと、とにかく**キャッシュフローが安定しないから**です。キャッシュフローが安定しないと、その行き着く先は厳しい結果になります。

「今、数千万円の売上があるから」といっても安心ではありません。ビジネスの倒産理由の1位が「安定した売上がない」ことからもわかるように、**何もしなければ翌月の売上は0円という状態では、不安定な状態からは抜けられない**からです。

では、キャッシュフローを安定させるための売上の基礎は、どのようにつくればいいのでしょうか？　それにはやはり、**「一見客」が「一生客」へと変わるサブスクリ**

「フロー型」ビジネスと「ストック型」ビジネス

	フロー型	ストック型
販売価格	低価格～中高価格	低価格
収益モデル	単発型	継続型
売上見込み	不安定／見通しにくい	安定／見通しやすい
顧客データ	分析しにくい	分析しやすい

⇩

先を読めるビジネスは「ストック型」

「ストック型」のその他のビジネス的メリット

①目標の売上や利益に必要な新規獲得数などが、すべてのデータを正確に把握できるため、高精度なプロモーションが可能。

②売上や利益を見通しやすいため、金融機関からの融資への説得力が増す。

③ＬＴＶ（Life Time Value）指標が示せる。

プション（サブスク化）がおすすめです。

サブスクリプションとは、月額・定額で商品やサービスの契約をし続けるサービスのことです。一度入会し気に入ってくれれば、ずっとそのサービスを使ってくれるという大きなメリットがあります。毎月の課金が発生するため、継続的な売上へとつながり、安定した収益を確保できます。

サブスク型ビジネスとは、「モノを売る」のではなく「ライフスタイルを提案する」

「サブスクがいいのはわかるけれど、展開できる商品やサービスは限られているのでは？」と思われる方もいるかもしれません。

しかし、サブスク型のビジネスにはいろいろな形があります。専用コンテンツが見放題になるサービス、季節ごとにアクセサリーや陶器を届けるサービス、漁師の方からその日に獲れた新鮮な魚介が届くサービス……。

困っている人へのサブスクでのコンサルサービスから**悩みに特化した商品**まで、すべてのビジネスがサブスクで提供できる可能性があります。特に商品のサブスクには、「何が届くか楽しみ」という体験が付加価値となります。

この体験という付加価値を生み出すには、考え方のコツがあります。

それは**「モノを売る」のではなく「ライフスタイルを提案する」という発想**を持つことです。つまり、**「1回きり」ではなく「長く（一生）付き合う」**ことを前提条件として商品を考えていかなければいけません。

例えば、

「薄毛に効果が期待できるヘアケア商品を使うことで、お出かけのとき気にならなくなる」

「お出かけする際にかかっていた時間が短縮できる」

これらはすべて「ライフスタイルの提案」です。**「コンサル」は、面倒事や悩んでいたことから解放してあげるというライフスタイルの提案**です。

信じられないかもしれませんが、私は2つの商品で累計100万個以上を販売し、累計売上で100億円以上を売り上げてきました。たった2つで累計100億円です。

しかも、社員数名でそれを成し遂げました。オンライン経由の動画提供やコンサルに関しても、億を超える安定した売上を上げることができています。**商品販売開始からたった5年で東京証券取引所へ上場する**ことができました。

コロナ禍が教えてくれた LTVの大切さ

大事なことなので繰り返しになりますが、**サブスクを行なっていくためには、必然的に「長期的な活動」が前提**となります。顧客と「長く付き合う」という発想、つまり、**LTV**（Life Time Value：顧客生涯価値）**を**

意識することが今後YouTuberやインフルエンサーにも求められます。

少し話は逸れますが、コロナ禍では旅行客や観光客といった常に新規に顧客層をターゲットの中心にしていた店舗や企業の多くが倒産や廃業を余儀なくされました。これは、単発な売上を積み上げるビジネスモデルであったためです。

一方で、常連さんを中心にお客様と長く付き合うスタイルの飲食店は生き残りました。つまり、LTVを意識した事業を実践できるところは生き残ることができた、ということです。

長期的な活動ができている企業のほとんどが、長期的で友好関係がある取引先があります。この現象は、そのままYouTuberやインフルエンサーにも当てはめて考えられるでしょう。

一時的に再生数が伸びて売上が上がったYouTuberはたくさんいますが、長期的な関係を築こうとせず、**ファン（視聴者）をないがしろにした配信者は軒並み廃業**をしているのが現状です。この例からも、ファンとの信頼関係や親密度はいかに大事かがおわかりいただけると思います。

しかもYouTuberやインフルエンサーにとって、LTVを意識したビジネスを考えることは難しくありません。

なぜなら、これまでもファンと長く付き合うコンテンツをつくってきたからです。時には、意見を取り入れ、反応を見ながら、動画を公開してきたかと思いますが、そのプロセスはそのままサブスク型のビジネスにも活用できます。

ぜひ商品開発をする際には、これまでの経験やファン（数ではなく濃さが重要です）という財産を活かし、収益の柱を築けるサブスク型のビジネスを検討してみてください。

自分の商品やサービスを使えば、一生「動画ネタ」に困らない

「ファン層に合わせた商品を開発する」ことを軸に、さまざまなことをお話ししてきましたが、**YouTuberが商品をつくることのメリットは、安定収益の他にもあります。**

それが「動画ネタに困らない」ということです。私はよく「商品やサービスをつくれば、一生動画ネタに悩むことはなくなるよ」とYouTuberにアドバイスしている

のですが、最初は半信半疑だったYouTuberやインフルエンサーたちも、実際、商品やサービスをつくって販売すると、「たしかに……」とうなずいています。

YouTuberにとって、最も頭を悩ませるのが「ネタ切れ」です。

といっても皆さんの中には、「動画以外のビジネスで収益を確保できれば、あまり動画をあげなくでもいいのでは？」と思われる方もいらっしゃるかもしれません。

たしかに、複数の事業を展開し、その事業においてもブランド展開で一定の売上を確保できれば、動画撮影の重要性は、現在よりも下がるでしょう。

ただ、**YouTuberにとって動画の撮影が事業の基盤になっていることを忘れてはいけません。**ここを疎《おろそ》かにしてしまうと、あなたを信用してついてきたファンは失望し、離れていく可能性があるからです。

ただ、複数の事業を展開していく上で、継続的に動画を公開し続けるのは現実的に簡単なことではありません。たとえ編集作業を外注したとしても、YouTubeの動画の主役は自分。企画を立てるには、多くの時間と精神的な体力を使うかと思います。

事業が増えれば増えるほど、動画撮影に割く時間が少なくなり、ネタ切れの状況に陥るのは、想像に難くありません。

では、そのネタ切れに対して、どのような打ち手があるのでしょうか？

おすすめは、**動画の企画に自分の商品やサービスを活用する**ことです。もちろん、ただの宣伝ではいけません。コンテンツとして成り立つような動画をつくる必要があります。

例えば、**商品やサービスを開発していくプロセス**の発信であれば、順番にストーリーが展開していきますし、製品開発の苦労も喜びも織り込めるため、コンテンツとしてのクオリティも高くなります。

また、開発済みの製品に関しても、**ファンの声を取り上げる**ことで、動画のコンテンツとなります。実際の感想を読み上げていき、それについて反応を返すとファンとのつながりもより深くなるでしょう。

ちなみにこのとき、**あえて厳しい言葉も正直に取り上げることで、信頼度も増します。**

つまり、自分の商品やサービスは、開発段階、開発後、販売中のすべてのフェーズで動画のネタになります。

1つの商品やサービスでこれだけの動画展開が可能になる、商品やサービス開発。やらない手はありませんよね。私は今までに数々の商品やサービスをサブスク型で世の中に送り出してきました。

これらを合わせると、サポート実績を含め100億円を超える流通額になりますが、すべて**直接お客様に商品やサービスを提供するというD2C（P2C）モデル**を基本としています。

続く第4章では、YouTuberやインフルエンサーがどのようにサブスクP2Cを始めればいいのか、お伝えしていきます。

第4章

「サブスクP2C」なら、初めてでも一人でも成功できる

——「サブスクP2C」の始め方

私はたった1つのシャンプーで、年商10億円稼いでいます

２０１７年、私は「炭酸シャンプー」という1つの商品を開発しました。この「炭酸シャンプー」は、自分一人で手がけたビジネスでしたが、販売開始から1年でなんと年商10億円を達成し、驚異的な販売数を獲得することができました。その後に開発した商品も立て続けに10億円を超える売上を達成しています。

注目していただきたいのは、**１つの商品、社員１名で年10億円以上の売上を達成**できたこと、そして、現在も毎年売上高10億以上という安定したビジネスになっている点です。

しかも特筆すべきは、商品ラインナップを1つ増やすと、またそちらの商品で年間数億円という売上の柱をつくることができた点です。このことから**「再現性が高いビジネスモデルである」**といえるでしょう。

私が世に生み出した商品の累計売上は１００億円を超え、コンサルやサポートさせ

てもらった商品の売上も100億円を超えています。いずれも一人のアイデアで出した数点の商品が数百億というインパクトは、なかなか大きいものがあるのではないでしょうか？

このレベルになると、商品が日本のドラッグストアや海外の百貨店に並んだり、テレビ通販番組に紹介されたりと、売上もどんどん安定します。来月の売上が0スタートという状態とは無縁で過ごすことができます。

これを見て私のセミナーに参加してくれた経営者の方々も同様に、1億、5億、10億円……と着実に実績を残しています。

「サブスク×D2C（P2C）販売」という、すごいビジネスモデル

よく、まわりの人たちから「いったいなぜ、それだけ売上を上げられるのですか？」と聞かれますが、決まって私は「サブスク × D2C販売というビジネススタイルを確立することに注力してきたからですよ」と答えています。

いきなり「サブスク×D2C（P2C）販売」と聞いてもピンとこないと思いますので、この言葉について解説していきますね。

文字どおり、サブスク型でD2C（P2C）販売をする手法のことです。

サブスク型のビジネスの特徴は、一度だけではなく長い期間使ってもらいながら、さらに新規顧客を増やせることにあります。つまり、サブスク型のサービスは、収益の土台をつくりつつ、さらに収益を伸ばしていけます。

最近は**「サブスク」という言葉も浸透して、あらゆるサービスがサブスク化しているといっても過言ではありません。**定額課金で車に乗れるサービスや、ビールサーバーのサブスク、さらには、家具や家電のサブスクまで登場しています。社会的に求められているサービスの一つといっていいでしょう。なおかつ、LTVを意識し、「一生お客様と付き合っていく」というスタイルのため、少ない人数でも徐々に増えていくことで売上を雪だるま式に増やしていくことができます。

続いて「D2C」とは、「Direct to Consumer」の略で、「企業が顧客に直接販売する」という意味です。これは自社がメーカーとなり、自社製品やサービスを自社のECサイトで直接販売することが特徴になります。今インターネットを通じて企業と個人がそして個人と個人が簡単にやりとりすることができる時代になりました。

「D2C」というビジネススタイルにも、強さの秘密があります。通販モールやプラットフォームに依存しないビジネスであるため、顧客リストなどのデータも溜まっていきます。何度もコンタクトすることができるため、顧客データも大きな資産になるのです。

「D2C」では、顧客とのコミュニケーションが濃密に行なえるだけでなく、顧客データや購入者層のデータなど、あらゆるデータが蓄積できるのが特徴です。

直接やりとりをすることで、よりお客様の声を吸い上げることができ、どのページがどれくらい読まれているかなど、そういった分析もできるので、新商品やサービスにも活かすことができます。

現在では、企業側でアプリをつくってお客様ページを開設し、自社サイトに会員登録をさせて売上を安定させるといった取り組みをしている企業が増えています。

実際に、**「サブスク×D2C販売」**の市場は、**年間10%以上のペースで成長**しています。日本では数少ない成長分野であり、これからもさらに伸びると予想されている市場です。

1つの商品で100億円を超えるような商品も出ている市場でもあり、サブスクD2Cのビジネスモデルで上場している企業も複数存在しています。今後、さらに成長が期待されるビジネスの1つとなっています。

「D2C」のデメリットをカバーする「P2C」

ただし、D2Cはいくつかデメリットの部分もあります。

1つは、企業側で実行することが多い点です。

もう1つは、広告費の先行投資がある点です。

一気に認知を拡大する際、まとまった広告費がかかり、広告費回収は継続して使ってもらってから半年以降になるので、収益化するまでタイムラグがあるのです。

そのため、ある程度の資金力がないと、爆発的な売上を上げるのが難しいのが課題だといわれていました。

そこで出てきたのが、「P2C」の販売手法です。

「P2C」とは、「Person to Consumer」の略で、個人が直接顧客へ販売するビジネスモデルです。P2Cはインフルエンサーや YouTuber など発信力のある個人（企業を含む）が、別の個人へ商品やサービスを販売するビジネスになります。発信力がある個人が直接商品やサービスをエンドユーザーへ届けるというビジネスでモデルです。

現在、この**「P2C」の市場が、熱気を帯びています。**

次ページの図を見てください。これは、東証グロース市場へ上場している大手YouTuber 事務所UUUMの売上構成費の変化になります。

2022年に約5割近くあった広告収入が、2023年にはその割合が減り、代わりにP2Cの割合が増えていることがわかります。

上場会社のUUUMでさえ、アドセンスの広告単価が下がったことに対応できず、2023年には赤字へ転落をしてしまっています。一方で、P2Cの売上は伸びていることから、UUUMもこれからP2Cに力を入れると公言しています。

つまり、私だけではなく、大企業もまたP2Cに大きな期待を寄せているのです。

大手YouTuber事務所「UUUM」も「広告」から「P2C」へ注力

UUUMの売上高構成比の変化

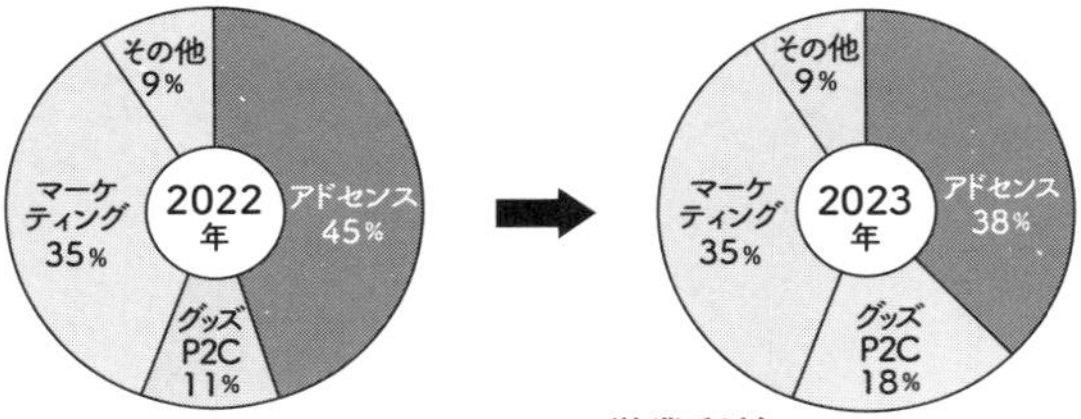

売上高

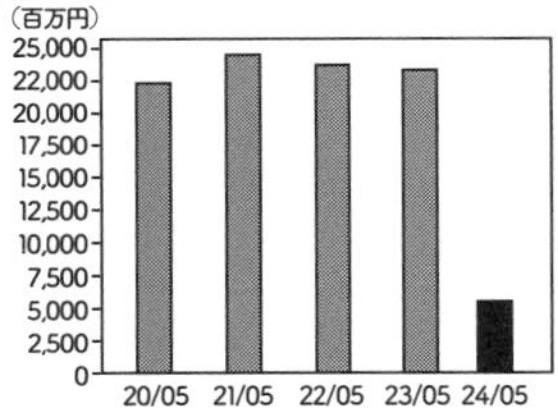

営業利益

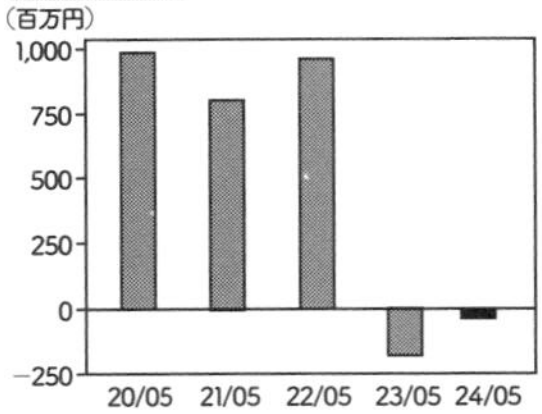

経常利益

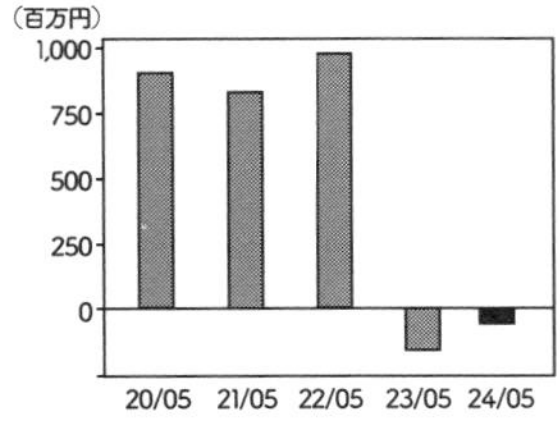

親会社株主に帰属する当期純利益

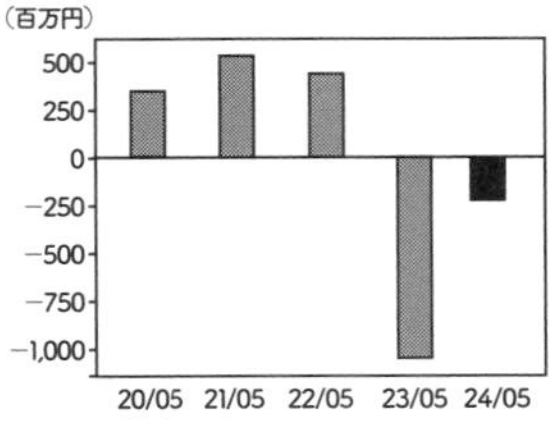

2022年度の売上235億円、経常利益10億円だったが、2023年の売上高230億円、経常利益1.5億円赤字に。

売上推移	アドセンス	P2C	経常利益
2022年	106億円	26億円	10億円利益
2023年	87億円	41億円	1.5億円赤字

◆出典：株式会社 UUUM「業績ハイライト」
https://www.uuum.co.jp/ir-highlight

P2C商品の代表事例

ではＰ２Ｃの商品には、どのようなものがあるのでしょうか。

その代表例が、２０２３年に爆発的に売れた、HIKAKINさんが商品のプロデュースにかかわったカップラーメンの「みそきん」が挙げられるでしょう。コンビニエンスストアでは完売が続出し、「買いたいけど買えない」という社会現象にもなりました。

また、自宅でのフィットネスやダイエット領域の発信を行ない、チャンネル登録者数３００万人を超える竹脇まりなさんは、「MARINESS」というブランドを展開し、自身がプロデュースしたプロテインが大ヒット。女性からの絶大な人気を集め、ＵＵＵＭの業績にも大きく寄与しています。一人のYouTuberがつくったプロテインは累計販売数50万個を突破しています（２０２３年9月時点）。プロテインは基本的には毎日飲むものなので、定期的にサブスク的な売上を積み上げていくことができます。

「サブスク×D2C販売」と近い領域にある、「サブスク×P2C販売」。サブスクP2Cのビジネスの可能性の大きさをおわかりいただけたでしょう。成長著しいP2Cのビジネスとサブスク型のビジネスを融合させた「サブスク×P2C販売」の市場は、大きな可能性を秘めています。

中間業者が入らないので、必ず儲かる

「P2Cのビジネスが成長分野である」とお伝えしましたが、そうはいっても、にわかには信じられない人もいらっしゃるでしょう。「P2Cで儲かるのはトップYouTuberだけでは？」「莫大な資金力がなければ成功しないのでは？」と疑われる方もいるかもしれません。

たしかに、トップYouTuberであれば、リーチできる人数が増えるため、収益を最大化しやすいのは事実です。

しかし、これまでにお伝えしてきたように、「P2C」のビジネスでは、数十万人ものフォロワーは必要ありません。コアなファンに商品を販売できれば、必ず収益に

つながります。

その理由は、「P2C」のビジネススタイルにあります。

「P2C」のビジネスは、**「自分が直接顧客に商品を販売する」**という特徴を持っています。この点が、これまでの店舗型やモール型のビジネスと異なる点です。

では、具体的にどこに相違点があるのでしょうか？　まず、店舗型のビジネスから見ていきましょう。

従来、**店舗型のビジネス**で商品を販売するには、商品を仕入れ、店頭に並べる必要がありました。そのためには、メーカー　↓　卸売業　↓　ショップ　↓　消費者という流通経路になります。これだけの流通経路をたどるとなると、**中間マージン**が取られるため、どうしても製品当たりの利益は少なくなります。

そのため、自分がメーカーをやる場合には、ある程度の数量をまとめて生産する必要がありました。生産コストを下げつつ、大量に販売する。つまり、**薄利多売のビジネス**を展開する必要があります。

続いて、**モール型のビジネス**について考えてみましょう。モール型のＥＣビジネスとは、楽天やAmazonなどのプラットフォームを利用して、商品販売するビジネスです。「インターネットでモノを売る」と聞くと、こちらを思い浮かべる人も多いでしょう。モール型のビジネスは、多くの顧客に見られやすいという特徴があります。しかし、こちらも店舗型と同様に多くのデメリットがあります。

まず、モール型のビジネスでは、**出店料や手数料が必要**になります。そのため、商品を自社サイトで販売するのと比較すると、手元に残る利益は少なくなってしまいます。また、モール型のＥＣビジネスは、**競合が非常に多い**、という特徴もあります。

例えば、楽天やAmazon等でキーボードを検索すると、海外メーカーも含めて多くの商品がヒットします。あまりに選択肢が多いので「どれを選んだらいいかわからない……」と迷ってしまうこともあるでしょう。

最終的にそんなに機能が変わらないのであれば、「とりあえず安いものを買おう」と思ってしまいます。さらに、どこのショップで買ったのかすら覚えていません。Amazonで買ったとか楽天で買ったというのは覚えていても、ショップ名を覚えていない……。そんなことが起こりえます。

このように、モール型のショッピングサイトでは、差別化が難しく、価格競争が加速していています。つまり、店舗型のビジネスと同じように、薄利多売のビジネスを展開しなければならなくなります。すると、大量の在庫を抱えるといったリスクも一緒に背負うことになります。

この点、**D2CやP2Cのビジネスでは、薄利多売とは無縁**です。

なぜなら、顧客に直接商品を届けることができるからです。中間業者を介せず、管理工数がかからないため、**利益が残りやすくなります。**販売した金額から商品の製造コストを引いた額がそのまま自身の利益になります。

さらに、**お客様のデータを取ることができる**ため、何度もセールスをかけて売上を上げることはもちろん、サポートすることもできます。

これは、ビジネスを続けていく上で大きなアドバンテージになります。モール型ビジネスでは手数料は取られるのに、顧客データを取得することができません。

モール通販もそうですが、ビジネスをする以上、在庫が大量に残ったり、固定費より売上が少ないなど、赤字に陥るリスクはあります。

しかし、P2Cの場合は実店舗を持つ必要がないため、ビジネスを小さくスタートすることができます。固定費や人件費も最小限で済ませることができます。従来の商品販売ビジネスと比較すると、リスクは限りなく低いといえるでしょう。

D2CもP2Cも、「社員一人」で「億」を生み出せる

「社員一人で、1億円の売上を達成できる」

もしこのような情報をSNSやメルマガで目にしたら、あなたはどう思われるでしょうか？「そんな話、怪しい」と思い、ブロックするかもしれません。あるいは、営業職などビジネスの最前線で商品を売った経験のある人からすると、「ありえない！」と怒る人もいらっしゃるかもしれません。

しかし、「D2C」や「P2C」のビジネスでは、月に1億円以上の売上を上げることは決して難しくありません。

例えば、前述した私が開発した炭酸シャンプーは、知名度の少ない私でも、一人で月1億円を超える売上を獲得し、10億円を超えるビジネスにまで成長させることがで

きました。大きな事務所を構えたわけではありませんし、従業員を雇ったわけでもありません。

実は、個人へ直接販売できる「Ｄ２Ｃ」や「Ｐ２Ｃ」のビジネスで収益を上げるハードルは、あなたが思っているよりもずっと低いのです。ちなみに、私が携わった商品の販売額は、１００億円を超えています。

「D2C」「P2C」ならではのハードル

しかし、「Ｄ２Ｃ」や「Ｐ２Ｃ」ならではの難しさもあります。

ダイレクトに商品を売ることができる、ということは、逆にいえば「顧客の声を聞きながら、商品を成長させていかなければ成功はない」ビジネスです。

データを蓄積した上で、アップデートし、次の売上につなげていく、**地道にＰＤＣＡサイクルを回していく**ことが求められます。

特にYouTuberの方でＰ２Ｃビジネスに初めて取り組む方は、**乗り越えるべきハードルがフェーズごとに発生する**でしょう。この点は、他のビジネスと同様に苦労するポイントです。

ただし、「P2C」に限って申し上げると、「D2C」よりも労力はかからないといえます。

というのも、これまでもお伝えしてきたように、YouTuberの方には、ファンが一定数すでについており、ファンの方はYouTuberの商品やサービスを求めるという、**需要がある**からです。つまり、ある程度売れるのがわかってから商品やサービスをリリースするイメージです。


これは、アイドルグループの事例を見てみるとわかりやすいでしょう。

日本を代表するアイドルグループには、数百万人のファンがファンクラブに加入し、ライブのたびに推しのグッズを購入しています。その結果、ファンクラブとグッズの収益だけで数百億円以上の売上を上げており、ライブの収入を大きく上回っています。

「それはアイドルだからでしょ！　事務所の後押しがないと難しい」

と思われる人もいるかもしれません。

たしかに、数百億円の売上を上げるには、アイドルのように日本全体に熱狂を生み出す必要があります。また、チームで取り組むことも必要です。

しかし、**現代は「推し活」全盛期**です。推しに課金をしたいと考えている人は思ったよりも多く存在します。現に、YouTuberやインフルエンサーといった方々の中にも、「P2C」の商品やサービスをプロデュースし、億を生み出している人も少なくありません。そして、それらの方々は、一人でビジネスを展開する方もいます。

つまり、YouTuberとしての実績を活かして、「P2C」のビジネスに取り組めば、一人で億の売上を上げることは決して夢物語ではないのです。

YouTuberだからこそ、開発秘話がダイレクトに届きやすい

「炭酸シャンプーで10億の売上を出した」と前述しましたが、実は炭酸シャンプーという商品自体は、他社でも販売している商品です。炭酸シャンプーに限ったことではありません。今の時代は、あなたも感じていらっしゃるようにモノがあふれています。

しかも、その商品たちは一定の機能性や実用性を持っています。そのため、同じ機能

を持った商品は多く、それらの違いは一見しただけではわかりません。今の時代、**機能性や実用性だけで自社の商品を選んでもらうには相当高いハードルがあります。**

「そうはいっても、高機能で便利なモノは売れるのでは？」と思われるかもしれませんね。もちろん、生活を一変させるようなモノ、例えばスマートフォンや新しいゲーム機器などであれば、売れる可能性は高くなります。

しかし、時代を変えるような画期的な製品は10年に1回登場すればいいほうで、多くの場合は、**単純に「いいモノ」というだけでは売れません。**しかも、高機能、高品質といった商品は、消費者にとって「オーバースペック」になっている可能性すらあります。「こんな機能があるけれど使いこなせない」「結局1つか2つの機能しか使っていない」といった、モノが売れない時代に突入していることを忘れてはいけません。

しかし、その一方である方法で開発された商品は、市場に多く求められています。それは、「ストーリーを持った商品」です。その商品に、つくり手のどのような想いがこもっているのか、あるいは、どんな苦労があったのか、そういったストーリーに消費者は関心を寄せます。

YouTuberがなぜP2Cの販売手法に強いのか？

それは、この**ストーリーを詳しく伝えられる**という点にあります。P2Cのビジネスの肝は、**「誰が手がけているのか」**、さらには**「その商品を手がけている個人が信用に値する人なのかどうか」**。ここが販売を左右する最も重要なポイントになります。

「ストーリーをモノに込める」というと、ちょっと難しい話のように思えます。「社会課題の解決につながるような壮大な商品を開発しなければいけないのでは？」と不安になる人もいらっしゃるかもしれません。

しかし、ストーリーは、購入者にとって心を打つストーリーであればいいのです。**社会を変えることを目的にするような壮大なストーリーは必要ありません。**

アイドルのオーディション番組を想像してみてください。この番組から輩出されたアイドルたちは、デビューした後、一気に売れる傾向にあります。それは、オーディションからデビューするまでの軌跡をファンの方たちが一緒に歩んでいるから、すなわち「成長ストーリーがあるから」です。

YouTuberの商品開発でも、同じような現象が起こります。ファンの意見を聞き、専門家に相談しながら商品を開発する姿を見せることで、そこには商品開発のストーリーが生まれます。そのストーリーを見たファンの方は、商品を購入する動機を抱くようになります。「購入者にとって心を打つストーリー」は、YouTuberであれば、自然につくることができるのです。

P2Cビジネスにおいて、そのビジネスを手がける人は、プロデューサーであり、広告塔でもあります。「ビジネスを手がける人と商品が一体となっている」といっても過言ではありません。いわば、**YouTuberやインフルエンサーという特権を活かせるのがこのP2Cビジネス**だといえます。さらに、その商品やサービスがサブスクであれば、売上は雪だるま式に積み上がっていきます。

モール型ビジネスをやっている限り、顧客データは一生入ってこない

前項で、モール型ビジネスのデメリットを紹介しましたが、もう一つ大きなデメリットがあります。

それは、「顧客データが、結局自分のものにならない」ということです。

当然ながら、商品やサービスを販売していくために最も重要なのは、顧客データです。開発した商品がどのような層に届いているのか、顧客満足度を上げるにはどのようにすればいいのか？　収益を伸ばすためには、常にこの顧客データを分析し、商品を改善していく必要があります。いわば、**顧客データは商品の開発、改善の生命線でもある**のですが、モール（プラットフォーム）型通販の場合には、これが一切できません。

例えば、某大手企業が運営する予約サイト（ホテル予約サイト・美容室予約サイトなど）がその典型例です。巨大なプラットフォームのため、サイトを利用すれば、一時の集客はしやすくなるでしょう。予約サイト自体にブランドと知名度があるため、多くの利用者が存在していることもたしかです。しかし、そのメリットを享受している分、顧客の詳細なデータは自社で保有することができません。

しかも、企業側は、さらに予約をとってもらおうとプラットフォームへ継続的に広告費を払い続けて集客活動をします。その結果、予約サイトに情報が集中し、自社のホームページを訪れる機会は減少します。最近では予約サイトをホームページ代わりに使って、自社のホームページがない企業まであるのには驚きです。こういったサイクルが出来上がってしまうと、ずっとこれから先もプラットフォームに依存したビジネスしかできなくなってしまいます。

しかも、こうしたモール型のビジネスのデメリットは、もう一つあります。それは、「価格競争に巻き込まれてしまいがちである」ということです。

例えば、楽天市場でよく見かけるのが、大きな資本を持った会社が市場に参入し、個人商店が価格競争に巻き込まれ、売上が著しく減少してしまうケースです。結局、こういった小さな店舗はアカウント閉鎖に追い込まれることになり、さらに悪いことに、それまでに蓄積したデータも保有することができません。顧客そのものや顧客データはおろか、売上データなどすべてを失ってしまうことになります。

顧客データを自分のものにする秘策

このような事態にならないためにも、YouTuber はどのようにＰ２Ｃビジネスを行なえばいいのでしょうか？

99%が知らない
SNSの新しい稼ぎ方

読者の方に無料
特別プレゼント

「P2C」ビジネス
バカ売れ商材事例集

（動画ファイル）

著者・新井 亨さんより

本書でお伝えした「P2C」ビジネスにおいて、これまでにバカ売れした商材事例を解説した動画を無料プレゼントとしてご用意しました。ぜひダウンロードして本書と併せてご活用ください。

特別プレゼントはこちらから無料ダウンロードできます↓

http://frstp.jp/araitoru2

※特別プレゼントはWeb上で公開するものであり、小冊子・DVDなどをお送りするものではありません。

※上記無料プレゼントのご提供は予告なく終了となる場合がございます。あらかじめご了承ください。

それは簡単です。**「自身のオウンドメディア（自社サイト）を持つ」**ことです。すでにYouTubeというメディアを活用していると思いますが、それだけではない**個人的なブログやホームページなど、複数のメディアを持っておく**ことが大切です。

「工数もかかるし、集客するまでに時間がかかるのでは？」と心配になる人もいるかもしれません。たしかに、オウンドメディアを構築して、ゼロから集客するのは大変です。少なくない時間も必要になるでしょう。

しかし、YouTuberにはチャンネルを登録しているファンがいます。つまり、オウンドメディアを見てくれる顧客がいる、ということです。ぜひ、YouTubeのチャンネルと並行してオウンドメディアも運営し、顧客データを取るようにしましょう。そのデータは、必ず資産になります。

そうはいっても、未だに多くの方は「プラットフォームを利用したほうが楽じゃないか」、あるいは、この変化の速い時代に、「手間と時間をかけてオウンドメディアを持つ必要があるのだろうか」と思うかもしれません。

しかし、安定した収益の柱を築くためには、何より顧客のデータが重要になります。

特に**サブスク型のビジネスでは、契約数の継続率も見ていく必要**があり、顧客データをもとに施策を打たなければなりません。もし皆さんの中でプラットフォームを活用している人がいらっしゃれば、徐々に「オウンドメディア」へと軸足を移すようにしましょう。時間はかかっても、必ず「オウンドメディアを持っていて良かった」と気づく瞬間が必ずやってくるはずです。

あなたしか提供できない商品だから、価格競争に巻き込まれない

P2Cビジネスの特徴は、**手がける人**が重要になる、とお伝えしました。また「**ストーリーが重要である**」とも。

では、そもそもなぜ「モノの良さ」ではなく、「人の個性を出していくこと」が大事なのでしょうか？

その一つの答えとして、**P2CビジネスがSNS時代に生まれた**ことと関係があります。SNSが出た当初から、SNSでは「誰が発信するかが重要だ」といわれてき

ました。おそらくあなたもSNSをやっていて、「この人は信用できる（共感できる）」と思って、フォローしている方もいるのではないでしょうか？

信用できる人が持っている2つの要素

実は、この「信用できる人」と感じるロジックには、２つの要素があります。

それは、**親近感**と**一貫性**です。説明がわかりやすい、明るい、冗談がおもしろいなどの人柄が感じられる要素と専門領域に詳しい、精通しているといった権威性のかけ合わせで、「この人は信用できそう」という感情が起こります。

例えば、アパレルショップやデパートの店員さんが信用できそうと思って、買い物をした経験はありませんか？　このときにも、「感じが良さそう」と「専門知識がありそう」の組み合わせが信用につながっています。つまり、**「信用」はフォロワーを増やす際にも、商品を販売する際にも重要になる**のです。

YouTuberの方々はご自身の専門分野のチャンネルを持っているため、ある程度の

「信用」があります。そのため、「信用」とマッチした内容の商品やサービスと「親近感」があれば、必ず売れるのです。

実際に士業（税理士・社労士・弁護士など）を営んでいるYouTuberの事例を見てみましょう。

彼らは、YouTubeでの配信では、そこまでの収益を得られていません。しかし、動画をきっかけとして、企業と顧問契約を締結したり、助成金を紹介したりと、専門領域のサービスで収益を上げています。

つまり、YouTube配信で得られた信用をもとに、販売するのが難しいといわれている無形商材（サービス）を販売しています。

信頼がベースとしてあるので、単発の仕事でなく、継続的な顧問契約なども受注することも容易でしょう。仮に1社当たり月3万円とかの契約を結べたとすれば、50社、100社、150社というように取引先が増えていけば、想像をはるかに超える収益になり、しかも安定収益として支えてくれます。

あなたの「信用」が基本にある商品やサービスは、唯一無二のものです。他の人にはつくれません。それは、購入者にとっても同じです。

唯一の商材を手がけるメリットは何か？

それは、**「価格競争に巻き込まれにくい」**点にあります。

「あなただからこそ買う」「あなたに仕事をお願いしたい」

そんな商品をYouTuberやインフルエンサーは販売できるのです。ここに気づくことができ、ファンが求める商品やサービスを販売することができれば、もはやライバルは誰もいません。

ブルーオーシャンの中であなたの収益は右肩上がりになっていき、ビジネスはどんどん拡大していくことでしょう。

ちなみに私もサブスクD2Cの専門家として「サブスクD2Cオンラインアカデミー」というサービスをオンライン上で提供していますが、会員さんが安定して増えていますし、収益も安定しています。

最強のメリットは、あなたが値段を決められること

Ｐ２Ｃビジネスのメリットは、価格競争に巻き込まれないことだけではありません。実は、「自身で価格を決められる」、これこそが最大のメリットなのです。

一般的に流通しているような商品は、市場の価格を参考に、原価を見ながら設定されています。競合の価格と見比べて、それを下回る価格に設定する場合もあるかもしれません。

しかし、**Ｐ２Ｃビジネスでは、「ライバルがそもそも存在しない」という世界**のため、商品やサービスを開発したあなたが独断で価格を決めることができます。もちろん、市場や一般消費者の金銭感覚から大きく離れた価格の場合、あまり売れず、収益につながらないこともあるかもしれません。

しかし、「あるポイント」さえ押さえれば、自由に価格を設定することができます。

価格設定の注意点

では、注意すべきこととはいったいなんなのでしょうか？

最も重要なポイントは、**「これくらいなら納得という価格を大きく上回る価格に設定しないこと」**です。

世の中に出ている商品であれば、「これくらいなら高い、安いと感じる」というモノサシをあなたもお持ちかと思います。

例えば、ベンツのSクラス新車を思い浮かべてください。もし、ベンツSクラスの新車を500万円で購入できる場合、欲しいかどうかは別として、「ベンツSクラスの新車にしては安い」と感じませんか？

500万円という価格は非常に高価ですが、メルセデスベンツSクラスというブランドがつくと、安いと感じてしまうのです。ブランド志向の方であれば、「絶対に欲しい」と感じるでしょう。

この**価格感のモノサシを自分の中に持っておく**ことは、非常に重要です。

「どこまで価格を高くするか」を考えたとき、あまりにも市場のイメージできる相場から離れすぎると、購入されにくくなるのはもちろん、ネガティブな印象を持たれてしまう場合もあるからです。

「さすがにこの値段はちょっと……」という買い控えを防ぐためにも、**自身が手がけるジャンルの価格は調べて、把握する**ことをおすすめします。

また、価格を決める際には、まずご自身が出したいと思っている商品の高価格帯の商品にどんなものがあるかリサーチしましょう。参考のために買ってみてもいいかもしれませんね。

いずれにしても、**商品を「つくる前」の段階で、価格を考えてください。**

さらには、**その価格を上回る満足感を与えるような商品を設計する**ことが重要です。

特に今の20〜30代は「コスパ」を重要視します。「価格以上の価値があった」と思わせることを意識しましょう。

そのためには、まず、**ニーズにマッチした商品をつくる**こと。そして、**しっかりとしたストーリーを紡ぐ**ことです。この一連の流れがあることで、あなたのつくる商品は、購入者にとって有名ブランドと同じくらい価値を持つ商品になるのです。

あなた自身が最強のブランド価値を持つ

これまで私は「**YouTuber自身がP2Cに適した特性を持っている**」とお伝えしてきました。しかも**何十万、何百万人のフォロワー数は必要ありません。**

しかしそうはいっても、いまいち実感が湧かない方もいらっしゃるでしょう。

では、ちょっと視点を変えて考えてみましょう。

日本の中で、YouTuberとして活動している方がいったいどれだけいると思いますか？

ある方の調査によると、**チャンネル登録者数1万人を超えている方は、2022年現在なんと約2万人。**つまり、日本の人口約1億3000万人からすると、はるかに数が少ないことがわかります。しかもその中には、途中で挫折してやめていくYouTuberもいます。

これだけを見ても、**登録者1万人のYouTuberの存在価値がいかに希少なのか、**おわかりになるかと思います。

この中にはもちろん顔出しなしでYouTubeをやられている人もいらっしゃいますが、いずれにしても一定の信頼性があるため、サービスや商品を購入してもらいやすい土壌があります。

しかも、**動画はストック型のコンテンツ**です。一度作成したものが消えることは基本的にありません。動画を積み重ねていくことで、新規にファンになった人であっても、過去の動画を観て、さらにファンになっていきます。動画を公開することはすなわち、**「資産が積み上がっていく」**といえます。唯一無二性を突き詰めていくことが、YouTuberのブランド価値を高めていくといってもいいでしょう。

ちなみに、私は定期通販のカスタマーサービスを提供するコールセンターを運営しているのですが、私自身、動画に出演して一気に売上をつくることに成功しています。登録者が1万人ほどのEC通販専門チャンネルで動画コンテンツを配信した結果、お客様は年々増加。現在は年間2億円を軽く超えるサービスへと成長し、サービス開始からの累計売上も5億円を超えています。

専門性のある法人向けサービスでも、人柄やストーリーが人を動かします。現在もおかげさまでお客様がどんどん増えており、日を追うごとに売上は右肩上がりに伸びている状況です。

もちろん、動画の収益で大きく成長したわけではありません。しかし、自社サービスの認知を広げることに、大きな役割を担ってくれました。そうです、動画コンテンツのもう一つの強みは**「サービスの説明だけでなく、どのような思いで提供しているかなど示すことができる」**ことなのです。

一般的な企業の広告は、メディアに広告費用を支払い、継続的に広告を打ち続けて、やっと効果があります。

しかし、一度広告活動をやめてしまうと、効果は次第に減少していきます。つまり、企業広告は、フロー型の要素が強いのです。

一方、YouTubeの動画の場合は異なります。そもそも動画制作を専門会社に依頼しないので、そこまでの費用はかかりません。また、**自身が広告塔**になるため、**広告費も必要ありません。**動画の中で人柄が伝わり、共感した人がチャンネルの視聴者になってくれて、サービスや商品を知ってもらうことができます。

さらに、一度公開した動画は、自身で削除しない限り、ずっと残り続けます。前述したように動画も**「ストック型の資産」**となっているのです。

しかも、専門領域で動画コンテンツをつくり続けていると、周囲からは**そのジャンルの第一人者**と認識されます。これは、**そのジャンルにおける自身のブランドが出来上がった**と言えます。周囲からの注目度はさらに高まり、信用度も増します。結果、自身が手がけるジャンルの製品やサービスであれば、なんでも売れるようになります。

ここまでくれば、もはや**YouTuber自身が信頼を備えたタレントであり、専門家**でもあります。つまり、YouTuberとして、最強のブランド価値を持つようになるのです。

自己ブランディングで注意すべきこと

しかし、そのためには、絶対に注意しなければならないポイントがあります。

それは、**「配信するコンテンツを1つのジャンルに絞る」**ということです。いくら人気YouTuberであっても、安定した動画再生数を叩き出すことはなかなか難しいものです。**専門性のあるチャンネルであればあるだけ、1ジャンルに絞ったほうがいい**とアドバイスをしています。

ネタ切れに陥って、他のYouTuberの真似や再生数を稼いでくれそうな時事ネタやバズるネタにどうしても手を出したくなるかもしれませんが、絶対に手を出してはいけません。YouTube上で○○の専門の人、○○に詳しい人という認知をされたほうがいいからです。

最強のブランド価値を誇示するためにも、**軸をずらさない、安易なバズりネタに手を出さない**という「勇気」と「覚悟」を持ちたいものです。

「動画見放題」も、こうすればサブスク商品になる

P2CとYouTuberの親和性についてお伝えしてきましたが、サブスクという観点から考えると、実は「動画」もサブスク商品として販売することができます。ある意味、「動画制作のプロ」ともいえるYouTuberは、この点でもアドバンテージを持っているといえるでしょう。

実際に私も「動画サブスク」という形でビジネスを行なっています。私はサブスク

D2C通販というジャンルで多くの売上を上げてきました。また、経営者の方にもD2C通販の方法をコンサルティングし、多くの収益を上げています。つまり、D2C通販というジャンルにおいては、再現性のあるノウハウを持っているといえます。

お客様からすれば、「そんなノウハウがあるなら、絶対に知りたい」と思うはずです。そこで私は「サブスクD2Cオンラインアカデミー」という形で、サブスク型の動画配信サービスを展開しています。価格は、月5万円からサブスク型でサービスを提供しています。

この一連の話をご紹介すると「その価格帯では、全然売れないのでは?」という反応をいただくことが多々あります。しかし、高価格帯であるのに、非常に多くのお客様に長い間継続してご契約いただいています。

実はこの価格帯でビジネスが成り立つのには、「カラクリ」があります。

それは、**ターゲットを個人ではなく、企業（法人）にしている**からです。会社員として働いている方はご存じかと思いますが、法人向けのセミナー、コンサルティングは、1回当たり安くても数万円の費用がかかります。数十万円以上することも少なくありません。

つまり、この価格は、その後の結果が出ることを見越せば、決して高くはないのです。逆にサービスを利用しているクライアントからは「安すぎる」という言葉をいただくほどです。

私が展開している「サブスクD2Cオンラインアカデミー」では、同業者向けの法人にサブスク通販ノウハウを提供しています、実際に動画の視聴者の中から年商5億円を超える実績の企業が出たり、通販の売上10倍になったりという圧倒的な成果を出している方が複数います。

さらには、売上規模100億円を超える企業が、通販の知識を高めるための社員研修に使用していたり、初心者で「これからD2Cビジネスをスタートさせたい」と興味を持っているレベルの方にサブスク通販の知識を深めるための情報源としてご利用いただいています。

また、動画見放題のサービスを利用されている企業の方から、さらに追加でコンサルティングを依頼されることもあります。

このように商品やサービスを法人向けにすることで、まず変わってくるのが1契約当たりの単価です。また専門的なノウハウだけではなく、新入社員教育、営業スキルなどのノウハウなど、横展開が可能になるため、売上もどんどん拡大することができます。実際に**動画見放題サービスからの派生する売上は億を超えるレベル**になっています。

同業者にノウハウを教えたら、いずれマネされる？

このように、私は同業者向けにビジネスノウハウを教えているのですが、そういうと、「同業者向けにノウハウを教えるのは、マネされたりしそうで怖い」という方がいらっしゃいます。

たしかに最初は、そんなふうに思うかもしれません。しかし、**「同業者だからこそ、悩みを理解して解決してあげることができる」**と考えてみたらどうでしょう？

この悩みの解決策を提供することができれば、爆発的な売上をつくることができるはずです。なぜなら「商品やサービスは、悩みが深ければ深いだけ、お金を払う準備がある」からです。**これは、個人、法人問わず、同じことがいえる**と思いますので、ぜひ参考にしてください。

私のケースでは法人向けの話をしましたが、では、個人向けにノウハウを展開する場合はどうすればいいのでしょうか？

相手は個人ですので当然、一つのサービス当たりの単価は安くなります。しかし、法人向けよりもターゲットの範囲が広くなるため、人数を多く集められることができます。

例えば、スポーツ系のノウハウを教えている方を見てみると、1000名を超える会員数を集めているケースがあります。個人向けのコミュニティは、月に1000円程度ですが、1000名集まれば、それだけで月に100万円の収益です。十分、大きな収益の柱といえるでしょう。

また、その売上の実績とノウハウを武器にして、同じスポーツ系のYouTuberを対象に「サブスクビジネスのつくり方」を商品化すれば、さらなる収益も望めます。実はここにも大きなビジネスチャンスがあります。

専門ジャンルの収益化の方法を、そのジャンルの人々に伝えることは、必ず需要があります。なぜなら、ほとんどの業界で、知りたいにもかかわらず、収益化までの手順などが公になっていないからです。

私のケースでいうと、留学経験から中国語が話せるため、Web上で中国語を教えるコミュニティをつくってビジネスにしたことがありました。その際には、サブスク型で月額1500円ほどでしたが、2000人以上のメンバーがいました。月額たった1500円ですが、2000人いれば月額300万円以上の売上になります。

当然、書籍化などもされていない、「閉ざされた情報（ノウハウ）」となりますので、**希少価値が高く、その分高価格帯でも売ることができる**のです。お金を払っても知りたい情報というのは、実はまわりにはたくさんあります。

私の知人に「相続や節税」に関するサービスを提供している方がおり、専門性が高いため、数千万円以上の売上を上げています。こちらは個人にサービスを提供しているのですが、節税に悩んでいる人がお客様なので、顧客は富裕層になるため、顧客単価が高いのです。同じように節税や相続に悩む富裕層向けへのサービスも、高単価の価格設定（歩合での価格設定など）が可能となっています。つまり、個人であっても、サービスによっては高単価を狙えるものは複数あります。

もしあなたが多くの人を対象としたサービスを展開するのであれば、ぜひ収益化に成功した後に、そのノウハウもコンテンツにしてください。きっと新たなキャッシュポイントへ成長するはずです。

これまでお伝えしてきたように「動画コンテンツ」にはさまざまな活用法がありますす。ぜひ動画サブスクも一つのビジネスモデルとして確立してみましょう。

第5章

P2Cはサラリーマンでも大きく稼ぐ可能性を持っている

実は、あの芸能人もP2Cで稼いでいる

第4章では、P2CやD2Cといった顧客へ直接販売するビジネスの可能性の大きさについてお伝えしました。

では、有名YouTuberや芸能人は、具体的にどんな商品やサービスを売り出しているのでしょうか？　ここでは具体的な成功事例をご紹介したいと思います。

◉ヒカルの『ReZARD』ブランドは、3カ月で10億円を突破

チャンネル登録者数488万人以を誇るトップYouTuberのヒカルさんは、YouTube黎明期から豪快にお金を使って、大量の製品を購入する動画を撮影。それが視聴者に受け入れられ、一躍有名になりました。「美」に対する意識が高いヒカルさんは、「ハイブランドと同じ着心地の服をリーズナブルに」を合い言葉にしたアパレルブランド「ReZard」を立ち上げ、さらに2021年にはプロデュースコスメブランド「ReZARD beauty」よりコスメ商品を販売。このコスメが大きな話題となり、

販売開始からわずか3カ月で売上は10億円を突破。現在は年商20億円を超える売上を上げているといいます。

※参考URL：https://mdpr.jp/news/detail/2968236

◉朝倉未来は、ダイエットサプリなどで年商30億円

総合格闘家でBreaking Downを主宰する朝倉未来さんもP2Cで成功を収めた一人です。彼は、過去には自身のプロテインを販売。現在は、「動けるお洒落」をキャッチコピーに「Matin Avenir」（マタンアヴニール）というアパレルブランドを運営。事業家としても活躍し、不動産やエステなどの会社を複数経営。すべてを合計した年商は30億円を超えているといわれ、大きな成功を収めています。

◉指原莉乃は、オリジナルコスメブランドで11億円

タレントとして活躍する指原莉乃さんは、自身のコスメ好きを活かして、コスメブランド「Ririmew」（リリミュウ）をプロデュースしました。開発に2年をかけたというこだわりを発揮し、アイシャドウパレットやチームなどのメイクアップ商品を展開しました。「徹底的にこだわった」というストーリーや、自身のYouTube『さしはらちゃんねる』でメイク動画をアップしたこともあり、1年で11億円以上もの売上を上げたといいます。また２０２３年にも新商品を発売するなど、その勢いは続いています。

※参考ＵＲＬ：https://prtimes.jp/main/html/rd/p/000000313.000025517.html

◉中田敦彦は、「サイン本」の配布から始めて年収億超え

元お笑いタレントで、教養系YouTubeの先駆けである中田敦彦さんもＰ２Ｃビジネスの成功者です。テレビやラジオといったオールドメディアを捨て、YouTuberとしての道に進んだ彼の選択は、当時とても話題になりました。

書籍を出版後、サイン本の配布から始まり、オンラインサロンやコミュニティを運営。さらに、頭脳戦を楽しめるオリジナルカードゲーム、サスティナブルを前面に押し出したファッションブランドを立ち上げるなど、ジャンルを問わず多くのプロデュースアイテムを手がけました。気になる現在の年収ですが、テレビに出演していたと

きよりも多いのだとか。元芸能人で、トーク力も抜群な中田さんにとって、YouTubeでの展開は多くの可能性を秘めていると感じます。

P2Cビジネスの成功者たちの共通点

ここまで4名の方をピックアップしましたが、彼らの共通点は、**「メディアやプラットフォームに依存していない」**ということです。自身のメディアやサイトで通販を行なったり、協業パートナーと共同でビジネスを興すなどして、その利益が自社に確実に入るようにしています。その結果、個人で活動するだけでは手に入れられないほどの大きな収益を上げています。

そして、もう1つの共通点は、**「ファンの支えがあること」**です。動画で商品やサービスができる様を見届けてくれる。そして、新商品が発売になれば必ずチェックし、購入してくれる。こうした一連の流れはファンがいてこそ成り立ちます。

そういう意味で**「ファン向けの商品」に特化することが売上につながる**と考えてもいいでしょう。ひと昔前であれば、知名度があるような芸能人たちが進んで商品をプロデュースすることは、そこまで考えられていませんでした。しかし、すでにもう多くの芸能人や一部のYouTuberたちは「P2C」に注力すれば稼げることに気づいているのです。

『ながら洗車チャンネル』で年商5億円

前項では、YouTuberの他、芸能人の成功例を取り上げましたが、現在ではYouTuberブランドを立ち上げることはもう珍しくはありません。他にも次のような例があります。

◎コムドット『Birdog』（アパレル）登録者415万人。
◎ゆうこす『La protein』（プロテイン）登録者84万人。
◎椿そら『レアエクラ』（美容液）登録者7万人。
◎ちびーず『Fuu Fuu』（キッチングッズ）登録者25万人。

ちなみに**私の会社でもYouTuberのP2C事業をサポート**しています。登録者5万人のYouTuberから登録者50万人を超えるYouTuberまで、それぞれ商品やサービスをプロデュースさせてもらい、売上も1億円を超えるほどのヒット商品を世に生み出しています。

しかも、YouTuberのジャンルもさまざまです。趣味系のYouTuber、スポーツ系のYouTuber、士業のYouTuberなど、サポートの実績は多数あります。

ただ、

「ここに挙げた人たちは有名なので稼げて当たり前じゃないか」

と思われる方もいるかもしれませんので、多くの方が聞いたことがないYouTuberの事例を紹介します。

まず『ながら洗車チャンネル』を運営しているRyoさんのビジネスモデルです。

なんと彼は、このYouTubeチャンネルだけで年商5億円を叩き出しています。買い物し「ながら」（買い物中に）洗車をするので、「ながら洗車」というサービス名にしたという彼は、1万台の洗車経験を持っています。そこで洗車を愛するファンの皆さんのために『ながら洗車チャンネル』で洗車レクチャーの動画を日々アップしています。

といっても、彼は出張洗車サービスを立ち上げた当初、ドン・キホーテなどの駐車場でお客様に「洗車いかがですか？」と声をかける営業スタイルを取っており、P2Cには参入していませんでした。

P2C事業を始めたのは、コロナ禍により、商業施設の駐車場で営業するのが難しくなり、「物販に力を入れたい」と思ったから。

そこで登録者数3万人のときにオリジナルのカーケアブランド『ながら洗車』を立ち上げ、カーシャンプーやコーティング剤を開発。これが当たり、毎月4000万円、年商5億円を稼ぐようになったのです。

なお、現在は自社サイトを用意して、サブスクサービスなども提供しており、登録者数も8万人超に増えているので、さらに売上は上がっていることでしょう。

業者向けに洗車を教えているチャンネルで年間5億円以上の商品が売れているなんてちょっと、想像できないですよね。これができてしまうのが、サブスク型P2Cのビジネスです。

『ながら洗車チャンネル』が成功した背景

『ながら洗車チャンネル』がP2Cに成功した背景には、**「単価の高い業務用商品を扱っている」**ことがあります。業務用（さらに消耗品）なので、何度も商品を購入してくれます。法人の大口顧客を多数抱えることができて、また個人のお客様にも「プロ用」と明示できるため、大好評なのです。

こうした事例が示すのは、「**YouTubeは、数百万人規模の登録者数を持っている大物YouTuberだけが稼げる世界ではなくなっている**」ということです。

繰り返しになりますが、あなたのチャンネルの登録者数が、今5000人でも1万人でも心配することはありません。**「売れる仕組み」**さえしっかりつくれば、誰もが億単位のお金を稼ぎ、「P2C長者」になることができるのです。

異才のYouTuber「げんじ」がアパレル事業で年商30億円

突然ですが、あなたはYouTuberの「げんじ」さんをご存じですか？

ファッションやYouTubeに強い興味を持っている方の中には、知っている方もいらっしゃるかもしれませんが、ほとんどの人が初めて聞く名前だと思います。

実は、げんじさんは、ファッション系のYouTuberで、D2C（P2C）ビジネスで大きく収入を伸ばした成功者の一人です（参考URL：https://forbesjapan.com/articles/detail/49678）。

自身が立ち上げたファッションブランド「LIDNM」（リドム）は、20〜30代を中心にしたファッションアイテムをそろえ、商品によっては「売り切れ」となるモノもある人気ぶりです。チャンネル登録者数は、90・6万人と多いですが、冒頭で挙げたような芸能人の4名よりは知名度も影響力もありません。それなのに、げんじさんは、他の著名人よりも多くの売上を上げています。

「いやいや、それは100万人近い登録者数がいるからでしょう?」と思われる方もいらっしゃるかもしれません。

しかし、げんじさんがP2Cビジネスで成功している理由には、とあるカラクリがあるのです。

それは、**「自身の世界観と一致した事業を展開する」**こと、そして**「ファンと一緒にブランドをつくってきた」**ことです。この2つを意識した結果、濃いファンをつくり出すことに成功しました。

といっても、げんじさんの動画は、特殊性があるわけではありません。むしろ誰しもが悩むような男性向けの「コーディネートの仕方」や「ヘアセット」などをテーマとしたものが多いのが特徴です。ファッションは一見すると「レッドオーシャン」なのですが、実は、男性向けは女性向けほどレッドオーシャンではありません。

女性のファッション系YouTuberほど数は多くないため、競争率もそこまで高くはありません。もちろん男性の中でも、ファッション誌を読むようなファッション好きはいるものの、おしゃれを意識する人は女性ほど多くはありません。さらに若い男性だと「おしゃれになりたいけど、あまりお金をかけたくない」と考える方も多くいます。

また、ファッションと聞くだけで身構える方も少なくありません。そういった方々が「ちょっとやってみよう」「このおしゃれならできる」と共感できるような動画ばかりをげんじさんは公開しています。

ファッション初心者層に刺さるコンテンツをつくり続けてきた結果、げんじさんは多くのファンを獲得してきました。その親しみやすく誠実な姿勢は、男性から圧倒的な支持を得ています。

ファッションブランド立ち上げの舞台裏

では、げんじさんは、どのようにして、ファッションブランドを立ち上げたのでしょうか。ここでもやはり、ファンの存在があります。

「1枚でおしゃれに見える着こなしがしたい」

「着心地が良く上品さを失いたくない」

「モテるコーディネートをしたい」

といった声を聞きながらコーディネートを行ない、その結果、「げんじさんが手がけた服なら買いたい」という声を集め、自身のブランドを設立しました。

ファンの声に応え続け、ファンの悩みを解決するような商品を開発したげんじさん。真摯で地道な作業が、やがて大きな影響力を生み出したのです。

「モテない」「おしゃれに着こなせない」という悩みにフォーカスし、「悩みを解決する」コーディネートを提案し続けました。だからこそ、商品も売れていくのでしょう。

こうした「共感」やげんじさんの人柄もあいまって商品が爆発的に売れ続けているのだと考えています。

年商1億円の健康チャンネル『身長先生』

「もしかしたら、この商品で自分の悩みが解決するかもしれない」と常に思い続けているような深刻な悩みを持った人たちに、Ｐ２Ｃ商品は深く響きます。

例えば、毛髪、ダイエット、エステ、美容整形、歯並び矯正、視力矯正、脱毛サロンがこの例にあたるでしょう。さらに「ビジネスへと直結している」こともわかります。

ではもし、深い悩みの解決を動画内で証明できるとしたらどうでしょうか？

もし、あなたが発信した悩みの解決方法が「信用できる」と視聴者に判断してもらえれば、間違いなく大きなビジネスにつながります。

「いやいや、そんなの無理でしょ」と思われるかもしれませんが、実は**「動画」を活用すれば、信用してもらうことはそこまで大変なことではありません。**

試しに美容整形を解説したチャンネルを見てみてください。実際、二重まぶたやシワ取りなどの施術の動画を載せることで、その効果を明確に示しています。動画の視聴者は施術して効果があることは十分理解しています。

知りたいのは、**「痛みはどれくらいあるのか」「まわりにバレないように施術が行なえるのか」「いったいいくらかかるのか」「途中経過はどんな感じなのか知りたい」**ということ。こういったことをわかりやすく解説している動画は、非常に多く観られています。

なかには100万回再生を超えるものもありますが、動画をつくったチャンネルを観てみると、登録者数が数千人程度しかいないケースもあります。

それでも、動画を観た中の数人がサービスに申し込みをすれば、それだけで本業の大きな収益になるでしょう。

クリニック系や悩み解消系のもので一番大事なのは、**「どんな人がサービスを提供してくれているのか」「気軽に相談ができそうなのか」**ということ。

そのため、動画では、先生の人柄やケースの紹介、さらには施術後どうなるかなどがわかりやすく解説されているかどうかがポイントになります。

そのため**「この先生なら安心して相談して任せられそうだ」と思ってもらう**必要があります。そうなれば、クリニックを訪れる方は、この先生にお願いしたいと来店するわけですから、成約率（契約になる確率）は圧倒的に高くなる、というわけです。

実際にこのような方法を実践しているのが、成長期の低身長を治療する方法を発信している『身長先生：田邊雄』です。

彼は、身長を専門とした整形外科医です。「身長を専門とした整形外科医」とは、成長期にある子どもたちの身長を伸ばす治療を専門にしている外科医のことです。ご想像のとおり、身長治療という言葉は、日本では馴染みがありません。

そのため、ＳＮＳで発信しても、広告を出稿したとしても、少し警戒されるかと思います。しかし、身長先生は、顔出しで動画を公開。日常で実践できること、医学的な専門情報、身長に関する情報などを丁寧に説明しています。

さらに、治療にかかる費用として、年間１００〜２００万円の費用がかかること、さらに、治療は数年続く可能性があることなどのデメリットもオープンにしています。

身長に関して「小さいといじめられるのではないか」「身長はもう伸びないのか」「自分の背が低いから、それが子どもに遺伝してしまうのはかわいそうだ」と悩んでいる親御さんが一定数いらっしゃいます。

一説には、**子どもに対する悩みは、自分の悩みの数倍**といわれています。遺伝だからしかたないとたいていの方はあきらめているのですが、何か方法はないのか、なんとかしてあげたいというのが親心というもの。**親としては自身のお子さんの悩みに関して、ものすごく悩む**のです。なんとかしてあげたい、解決してあげたいと常に頭から離れないほど悩んで、早く解決したいと思うのです。

この親心をうまくキャッチし、その結果、多くのファンからの信用を獲得していま す。この身長先生のチャンネル登録者数は、３・17万人と数が多いわけではありません。

しかし、実際に提供している成長ホルモンのサービスが数百万円のため、この登録者数でも十分な収益を確保しています。「医師」という一定の信用に加えて、動画で治療内容を詳しく伝えることで、「この先生は任せられる」「この先生に治療をしてほしい」と視聴者は強く感じてくれるのです。

身長先生のこの取り組みは、他の先生と一線を画した差別化ができている、といえるでしょう。

このような悩みを解決するような**コンプレックス系チャンネル**は、他にもあります。あなたがもし、人々の悩みを解決するコンテンツを持っているなら、それは大きなチャンスを持っているのも同然なのです。

士業でもYouTubeで1億円以上稼げる

あなたは、弁護士、税理士などの士業について、どのようなイメージをお持ちでしょうか？　「難しい資格職だから高年収」「食いっぱぐれない」と思われる方が多いかと思います。しかし、最近では国家資格を持っているにもかかわらず、厳しい収入状況に陥る人が増えています。

その背景には、士業ならではの事情があります。士業の場合、契約当たりの単価は高価格帯なのですが、営業を積極的に行なうと、相手から相見積もりを取られてしまい、価格競争に陥ってしまうのです。そのため、これまで士業の方は、紹介などを通じて、仕事を増やしていきました。**スキルと同時に人柄がとても重視される仕事**のため「この人なら信用して話ができる」と思える人でなければ、基本的に依頼は受けられませんでした。

そういう意味で「紹介」という方法はとてもマッチしていたのでしょう。

その半面、人柄を知らない新規のお客様からの申し込みは非常にハードルが高いものでした。「気軽に相談したら申し訳ないな」「いったいいくら取られるんだろう」とつい身構えてしまうからです。

通常、人柄や性格がわからない状態で顧問契約を行なうとはなりません。考えてみれば当たり前のことで、友人や知人から「この先生は話しやすいよ」とか「相談しやすいよ」といったアドバイスを聞いて初めて、顧問契約を結ぶ判断に至るのが一般的だからです。

士業の新規顧客獲得に、動画が有利な理由

しかし、YouTubeを活用すると、新規顧客獲得に有利に働きます。

それはいったい、なぜでしょうか？

その理由は、顔出しで専門的な話をわかりやすく解説してくれるため、その人に対しての**親近感を抱く**からです。動画を観ているうちに、「困っていることがあったらこの人に相談してみよう」という気持ちになり、問い合わせへとつながるのです。

その代表例といえるのが、アトム法律事務所の岡野タケシさんのチャンネルです。岡野さんのチャンネルは、ニュース、アニメやマンガ、身の回りの出来事を法律家の視点でわかりやすく解説。キャッチーでありつつ、専門家ならではの視点が随所に盛り込まれているため、多くのファンを生み出しています。こうした気さくな人柄が功を奏し、問い合わせが増加し、本業の収益も増加しているといいます。

では、知名度を獲得できると、どのようなことが起こるのでしょうか？
まず問い合わせをする人が増えます。さらに動画を観ている人であれば、すでに人柄も事前にわかっていますから、実際にお客様になる可能性が非常に高いのです。「動画で観たことのある先生と顧問契約をしたい」と思うのは、一種当然の流れといってもいいでしょう。

士業のような堅いイメージのあるサービスの場合、親近感が大きな力を発揮します。いっそ「魔力」といってもいいかもしれませんが、この点が岡野さんが独り勝ちしているポイントでしょう。

士業の先生でもYouTube内で堅苦しい真面目な動画を撮っている方がいるのですが、なんだか話しかけづらそうだな、相談しづらいなと思われたら契約にはつながりません。繰り返しになりますが、**士業の先生は再生数ではなく、動画で人柄がわかる親しみやすさを伝える**こと、これが非常に大事になってきます。

同じく士業の例ですが、社労士でYouTuber、コロナ関係の助成金などの対象者に各種手続きを動画でわかりやすく解説して、顧問契約が100社以上増えた先生や、税理士の先生であれば2023年からスタートしたインボイスについて解説をして、個人事業や小規模で会社経営をしていた方から大きな支持を得て、100社以上の顧問契約を獲得できたなど、多くの成功事例があります。

動画の中で親近感を得られると、収益の体質もまったく変わってきます。

なかには「教えてしまったら仕事が来なくなってしまう」という心配する士業の方もいらっしゃるかもしれませんが、そんなことはありません。動画上で人柄がしっかりわかることで信頼を得ることができれば、そこから顧問契約などは獲得することができます。

顧問契約は基本的にサブスク契約となるため、月額の収益が増えるだけなく収益が安定化するので、「新規のお客様が来ない」と悩むことはなくなります。

さらに**顧問契約が続いていくと、そこから紹介で次から次へとお客様が増えていく**というプラスのサイクルになるのです。

しかも、人柄を知ってからサービスに申し込みや問い合わせをした人は、「この先生にお願いしたい」と思って申し込みをしてくれた方なので、他の先生のほうが、価格が安いからといって、乗り換えるようなことは起こりません。

さらにいえば、士業というサービスは他の先生に乗り換えるというケースはほとんどありません。いってしまえば、**一度お客様をつかんでしまえば、会社が存続する限り一生客になりうる**のです。

顧問契約が仮に月5万円だとしても100社あれば月500万円（年間で6000万円）、実際にはそれ以外に顧問先からサービスをお願いされるでしょうから、これだけで毎年1億円を稼ぐことができてしまうというわけです。そういう意味で動画は無限の可能性を秘めているといえるでしょう。

「士業では稼げない」と嘆く先生にこそ、YouTubeを始めていただきたいと思っています。

マニアックな分野のコンサルでも稼げる

P2Cの可能性についてここまでたくさんお伝えしてきましたが、共通するのは、**「人柄などに共感（親近感）ができると、実際のサービスも伸びる」**という点でした。

さらには**「悩みが深ければ深いだけ、さらに相談しづらいコンプレックス系などで**

あれば、この方にお願いしたいとなり、価格競争にも巻き込まれない」ということについてもお話ししました。そこで本項では「再生数が少なく、マニアックな分野でも大きな収益を上げられる」という例を紹介したいと思います。

まずは私の例になるのですが、私はサブスクとD２Cを組み合わせた専門家として活動をしています。おそらく私の名前なんて知らない人が圧倒的に多いでしょう。そもそも「D２C」といわれても、一般の方には馴染みがありません。実際、Google検索ボリュームもかなり少なく、マニアックな分野です。

ですが、実際には**D２C業界は二桁成長している市場**なのです。当時、D２Cビジネスを教えるサブスクD２C総研という会社を２０２1年7月に設立して動画教育とコンサルティングを提供するサービスを開始しました。

一般の方がほとんど知らない業界ではありますが、YouTubeでD２Cの専門家としてゲスト出演したり、セミナーを通じて情報発信などを行ない、月5万円のサブスクD２Cオンラインアカデミーの参加者は年々増加。そこから派生するサービスで短期間に売上総額が億を超えるまで短期間で成長しました。

動画の中では、化粧品や健康食品のＯＥＭ先はどこがおすすめなのか、原価率はどれくらいが適正なのか、定期通販に必要なツールは何か、継続率を伸ばすために同梱物は何か、実際にどれくらいの成約率が出るものなのか、収支計画書はどのようにつくるのかといったメーカーでないとわからない生の数字をアカデミーに参加した方と数百を超える動画を共有しています。また、希望があれば、ＯＥＭ先やツールの会社の紹介なども行なっています。

こうした取り組みの結果、うれしいことにアカデミー生の中から、年商1億円を超える結果を出した方が続々と登場しました。アカデミー生の中にはYouTuberの方もおり、一緒に商品をプロデュースして数千万円の売上を上げたりと、まさにＷＩＮ－ＷＩＮの関係になっています。つまり、**マニアックな分野でも動画を活用すること**で、濃い見込み客となる方を見つけることを可能にしたアカデミーなのです。

どんな成功者も不安から始まった

といっても、「サブスクＤ２Ｃオンラインアカデミー」の生徒さんも最初からこのような成功を収めたわけではありません。

「実際に収益になるのか心配だった」「いくらかかるのか心配だった」「全体像を知ってからスタートしないと在庫の山になってしまうのではないかという不安を抱えていた」と、やはり悩みがあって、それを解消するコンテンツを探しており、動画を観て私のサービスにたどり着いたのです。マニアックな分野なので、私以外に同じサービスをやっている人がいませんでしたので、迷うことなくサービスに申し込んだわけです。

ごく普通のサラリーマンでも稼げる

続いての例として、節税や保険の営業マンの例を紹介します。といっても、「サラリーマンにはYouTubeが効果的なんだろうか？」と考える方がいらっしゃるかもしれません。

結果からお話しすると、とても有効です。節税保険の営業マンや高級車販売、高価格帯の不動産販売など**歩合で仕事をしている方でも、YouTubeを活用**して年収3000万円以上、なかには1億円を超える営業マンも存在しています。

やはり営業マンですから、人柄で売上が大きく左右します。

士業と共通しているのは、提供する商品が「高額」であることです。節税保険の対象となるのは、基本的には利益がしっかり出ている企業オーナーがお客様となります。節税保険は、年間で数百万から数千万円といった価格帯になるので、営業マンが誰であるかは非常に重要です。

また同じように、高級車や不動産は、一生涯のうち何度も買い替えるものではありませんので、どんな営業マンなのか、**人柄はとても大事**になってきます。こういった商品やサービスは「信頼できる人」「この人から買いたい」と思ってもらう必要があるからです。

そこで、動画が効果を発揮します。特に外資系のサラリーマンや完全歩合で活動しているサラリーマンは、**動画で人柄を伝えることで、成約率が大きく向上**します。仮に動画から10件成約すれば、それだけで年収は一気に跳ね上がることになります。

また、こういった富裕層をターゲットにしたビジネスは、かなり高い確率で紹介があります。なぜなら、富裕層同士、横のつながりがあるからです。

たとえマニアックな分野であっても、しっかり人柄や専門性を伝えることができれば、サラリーマンであっても稼ぐことが可能だということがおわかりいただけたでしょうか。実際にYouTubeをうまく使って大きく収益を上げているサラリーマンもたくさんいます。

価格をしっかり明示するだけで、売上は数倍になる

本章ではさまざまな方々のP2Cやサービス展開の取り組みをご紹介してきました。どの人もスキルや一芸を持った方ばかり。そのため「専門スキルや資格がないと稼ぐことは難しい」と思われる方もいるかもしれません。

しかし、そうではありません。

専門家であれば稼げることはたしかですが、**趣味と関連性の高いサービス**でも収入を上げることはできます。そのヒントの一つが、**「申し込みのハードルを下げる」**ことです。

例えば、**サービスへの価格をオープンにする。**これも「ハードルを下げる」一つのポイントです。

ちょっと考えてみてください。もしあなたが寿司屋に行って、時価と書かれているメニューを見たら、どうされますか？　おそらくそのメニューを注文するのをためらってしまうでしょう。

これは、注文する、注文しないの前に、判断を保留してしまっている状態です。

でも、1貫1000円とわかっていれば、「まあ、1貫くらいならいいか」とお試しで頼んでくれるお客様が生まれます。

「いやいや、価格がわかることで避けるお客さんもいるだろう」と思われるかもしれません。しかし、その人たちは価格が不明なものには、余計に手を出さないはずです。

つまり、**価格を隠す（要相談とする）ことは、見込客の一部を失っていることに**なるのです。「価格に関してはＷｅｂからお問い合わせください」というのは最悪な一手です。**「価格がわからない」ことは、不安でしかない**からです。

それを証明する、わかりやすい事例があります。「一休.com」は、サービス料などすべてコミコミの価格をオープンしているのが特徴のサービスです。このサービスにより、高級レストランの予約が何倍にも増えた事実があります。

同サイトでは、高級レストランを「デートで使ってみたい」「会食で使ってみたい」という声があったものの、申し込みに至らないケースに着目しました。予約に至らないケースでは「総額でいくらかかるかわからない」「お金をどれくらい持っていったら足りるんだろう」などと思う人が多く、結果利用しない方が多かったのです。

特に料亭などでは「テーブルチャージやドリンクの料金が高額なのでは？」といった心配や、「彼女が店員さんに10万円以上のワインをすすめられて注文してしまったらどうしよう」といった悩みなど、普段利用しない層に心理的なハードルがありました。

そこで、一休.comでは、テーブルチャージ込みで、さらにワンドリンク込みで明細を表示するようにしました。つまり、コースとドリンクとテーブルチャージ込みの料金をひと目でわかるようにし、事前オンライン決済を可能にしました。

その結果、デートで利用したとしても、オンライン上で事前会計を済ませておくことができ、スマートにかつ安心して退店することが可能になりました。

こういった取り組みのおかげで一休.comへの信頼度が一気に上がり、売上を増やしたのです。さらにはリピーターの利用が急増し、売上は右肩上がりに。

一休.comを運営する株式会社一休の2023年3月期の決算は、売上高は343億400万円、売上総利益は同額、営業利益は184億6700万円となり、最終黒字は126億5800万円と大きな利益を生み出しました（2023年6月15日付の官報による）。

「お金を払う用意はあるのに、いくらかかるかわからない」という状態では、申し込みをしようとはなりません。

つまり、逆にいえば、**「価格を提示する」だけで信用を勝ち取ることができる**、ともいえます。

例えば、リフォーム会社であれば、実際の施工事例と価格を示すと一気にライバルを引き離せるでしょう。「○○のリフォームは100万円でやります。これ以上はかかりません」と明示するだけでライバルを蹴散らすことができます。

価格がわかりにくいものの中には、車の改造や修理やシロアリ駆除、ホームクリーニングやトイレの修理やリフォームなどが挙げられます。

たしかに価格はその都度見積もりをしなければならないケースもあるでしょう。もしそうならば、実際の価格の例（相場）をアップして、「90％以上の方は修理費用10万円以下になっています」という文言を追加すれば、**「安心して利用できる」という点で、他と明らかな差別化ができる**はずです。

そうなのです、実は「価格が不明瞭な製品やサービス」はこの世に山ほどあります。試しにＷｅｂサイトや動画を見渡してみてほしいと思います。

売れないホームページの改善ポイント

さて、最後に一つおもしろい例を紹介します。

以前とある高級な仏壇を売っている会社から私宛に「Ｗｅｂで仏壇を売りたい」というご相談がありました。

ホームページを見ると、とてもきれいなのですが、仏壇が写真付きで価格だけ記載され、買い物カゴがついている状態でした。

仏壇の価格帯としては20〜200万円までと幅が広く、しかも送料や設置費用などは5000〜2万円という幅を持たせていました。

それが「5年間で1件もウェブから注文がない」というのです。

私は「これでは売れませんよ」アドバイスをして、ホームページのメインコンテンツをとにかくわかりやすく、伝わるものにしました。さらに喜ばれた方の動画と送料込みの総額の実例をしっかり記載するようアドバイスしました。また、価格を明瞭にして販売員の人柄なども追記しました。店員さんがどんな気持ちで販売に取り組んでいるかなどがわかるページにしたのです。

その結果、月に数件、年で50件ほどの相談が入るようになりました。

この例からもわかるように、**動画で人柄、そして価格を明瞭にするのは、非常に大事なこと**です。「信頼できる会社だな」「ここにお願いしたいな」「価格も明瞭だな」とお客様に思っていただければ、注文は勝手にどんどん入るものなのです。

決してホームページがきれいだから売れるわけではないのです。これはどんなビジネスにもいえます。

御社はどうですか？　ぜひこれを機に、**価格の明示化**を意識してみてください。

第6章

ファンはより濃いコミュニケーションを求めている

再生回数狙いの動画は売れにくい

数万人程度の登録者を抱えているYouTuberであれば、サブスクP2Cは十分成立するとお伝えしてきました。こうした商売が成り立つのは、商品やサービスを購入してくれる「ファン」の存在があってこそ。つまり、ファンの心理を知り、そのニーズに合った商品や情報を出していくことで収益化につながることになります。

そこで本章では、**ファンが「推しYouTuber」にいったい何を求めているのか**、お伝えしていきます。

さて、P2Cを行なうYouTuberは、どんな点に気をつけなければならないのでしょうか？　意識するべきポイントは数多くありますが、P2Cビジネスを手がける者にとって最も重要なこと、それは**「動画や配信の順番や開発までのストーリーなどが、商品やサービスの売上に直結する」**と意識することです。

いったいどういうことなのでしょうか？

例えば、化粧品を売り出すとします。その場合、おそらくあなたはいろんな動画を発信しようとするでしょう。

例えば、自分がいいと思った化粧品について、あるいは化粧品をつくろうと思ったきっかけについて、成分について、どんな肌の悩みがあったのか、などなど……。成分や機能面についての動画を作成し、さらにおもしろい要素を入れて「再生回数を意識した動画」にする——。

このようなケースが多く、結果、まったく売れません。

P2Cの場合は、**「いかに商品やサービスが売れるようになるかのストーリー」**、ひいては、**「ターゲットに対してどのような訴求をすればいいか」**というように、動画作成のアプローチが変わります。

具体的には、なぜ再生数をさほど意識せずに動画をつくったのか、なぜ今商品を販売するのか、さらには、どういった経緯から販売を検討するに至ったのか、また、開発に至った熱い想いなどを語る動画をアップしていきます。

すると、その想いに共感したファンが、興味を持って動画をストーリーとして観てくれるのです。

ストックした動画がタッチポイントを増やす

こうした動画をストックできることで、さらにファンは繰り返し商品やサービスの情報に触れることになります。

視聴者があなたの動画を観て、気に入った場合、次の動画、次の動画へと進んでいくと、それだけタッチポイント（接触回数）は増えます。そこで**「単純接触効果（ザイオンス効果）」**と呼ばれる現象が発生し、視聴者は**あなたに親近感を覚える**ようになります。商品やサービスの含まれた動画を観ることで、次第に自然にそれらを認知します。

また、何度も観ているうちに単純接触効果が生まれ、親近感を持って購入を決断するファンが現れてきます。さらに開発ストーリーをつくっていく過程で**視聴者からのコメントをもらう**ことができます。双方向のやりとりなどを繰り返していくことでファンはあなたを**「応援している（一緒につくっている）」感覚**になっていきます。

このような順序を踏むことで、**「最低でもどれくらい売れるか」という予測を立て**

ることもできるでしょう。

このプロセスがリスクを最小限にし、売上を最大化する

こうやって順を追ってお伝えしていくと、当たり前のことを言っているだけに思われますが、実はこのプロセスは非常に大きなメリットを持っています。

その最大のメリットが**「リスクを限りなく少なくして商品販売ができる」**ということです。商品販売のビジネスにおいて、在庫を抱えることは最大のリスクなわけですが、売れる個数がわかっていれば、リスクがない状態でビジネスを展開することができます。

さらにいえば、開発ストーリーがあり、動画でアプローチできる手法があれば、P2Cであっても、クラウドファンディングで**先にお金を集めてから商品をあとでつくるというビジネスもスタートできる**ようになります。

例として、キャンプ芸人として知られるお笑いコンビバイきんぐの西村瑞樹さん監

修の万能スパイス「バカまぶし」という商品があります。

これは、肉を浸したくなるほどうまい焼肉のタレ「バカびたし」という売り出し文句で、延べ6000人以上からの支援を受け、2000万円の売上を達成しました。

一般販売も含めて現在では万能スパイスの「バカまぶし」は60万本以上、シリーズで100万本以上を売り上げる大ヒット商品になっています（参考URL：https://www.fujipan.co.jp/news/040789.html）。

クラウドファンディングで資金を先に集め、買う人を見つけてから販売をスタート。

そして、**ヒット商品になったら一般販売**という方法ができるのがYouTube P2Cの強みです。

では逆にYouTuberでない人が商品やサービスを売りたい場合、どんなプロセスをたどるのか見てみます。

商品を先につくって、どれだけ売れるかわからない状態でスタートすることになるでしょう。もちろん、売れなければ広告費が追加でかかりますし、在庫が余ってしまえば商品をつくった費用は全額マイナスになってしまいます。

その点、YouTuberは、自身の影響力を活用して、商品をPRすることができます。それも、**配信する回数に制限はありません。**動画を配信するごとに商品やサービスを紹介することで、**動画をアップするたびに売上が積み上がっていきます。**

先ほどのバイきんぐの西村さんの例でいえば、キャンプ動画で自分の調味料で料理をつくってアップするだけで、どんどん商品が売れています。つまり、ただの配信や動画が常にキャッシュポイントになるわけです。

さらに動画がそこにストックされていることで、視聴者を購買へと導いてくれる可能性は増します。こうした販促は、YouTuberにしかできません。それこそが他と大きな差をつけられるポイントです。

「推しのこだわりが詰まった逸品」が高値で売れる

差別化がしやすいYouTuberのP2Cビジネスですが、さらに差別化するためには、いったいどうすればいいのでしょうか？　その答えは「こだわりが詰まった逸品をつくる」ということです。

例えば、ダイエット系のYouTuberならダイエット関連の商品が売れる、というのはイメージしやすいかと思います。

しかし、売れやすい商品は、親和性の高いものだけではありません。

例えば、サインの書かれた商品や、「写真が撮れます」「一緒にパーティーに参加できます」といった特別感のある商品は、たとえ高価であっても売れていきます。

現に、「BreakingDown」（格闘技イベント）のＶＩＰチケットは、55万円という高額料金であるのにもかかわらず、アフターパーティーや記念撮影ができる特典など限定条件をつけることで、即完売という状況となっています。直接選手と会える**特典という付加価値をつける**ことで、10万円以上するチケットが軒並み完売するという現象をつくり出しています。

さらに、BreakingDownではパンツスポンサー枠（数十万〜数百万円）があり、こちらも毎回たくさんのスポンサー企業が参加しています。スポンサーが募集できる企画は、**ターゲットが個人ではなく法人**になり、**高額でも経費になる**ため、一気に単価が上がります。

プロスポーツチームの運営でもスポンサー企業が集まって収益を出しています。年間チケットをプレゼントしたり、選出のファンイベントへ参加できる権利を付与したりして付加価値を生み出しています。

コアファンは、推しに課金する機会を常に探している

いわば現代は**推しへの課金が正義とされる時代**です。あなたを「推し」と認識しているコアなファンは、常に課金する機会を探しています。つまり、常に商品やサービスのニーズが発生している状況です。アイドルの握手会や限定イベントへの招待などはまさに推しが正義とされている証拠だといえます。

このような状況で、あなたがやるべきことは2つあります。

1つは、**商品に「課金するための理由」を付記する**ことです。

例えば、前述したようなサインをした商品や直接会えるパーティーへ参加の他、限

定商品という打ち出し方もおすすめです。YouTuberであれば、「購入者限定の動画」などを特典にしてもいいでしょう。

ちなみに**「今しか買えないもの」は、非常に強い力を持っています。**今しか買えないということは時期を逃すと手に入らなくなってしまうからです。消費者心理では**「損失回避の法則」**というものがあります。損失回避性とは、「手に入れる」ことよりも「損をする」ことを回避するほうを選ぶ心理作用のことです。

この心理作用を踏まえると「この時期に買うと、お買い得ですよ」というよりも**「この時期を逃すと、二度と買えなくなります」**と伝えるほうが、消費者の損失回避性に訴えかけられるアプローチになると考えられます。

その証拠に、世界に名だたる高級車メーカーは、数百台限定の商品をいくつも出しています。もちろん、メーカー都合で数百台しかつくれない、という事情も背景の一つにはあると思いますが、なにより「今買わないと手に入れられない」というファン心理を把握した上でこのようなマーケティングを展開しています。そうすることで、高価格帯でも欲しい人が行列をつくるのです。

これに関連して、**「時期」を限定する**こともおすすめです。

例えば、ディズニーランドではシーズンごとに商品を入れ替えており、ファン心理をつかんでいます。実際、ファンたちはその季節でしか買えない限定商品を求めてディズニーランドに足を運び、多くのお金を使っています。

繰り返しになりますが、今しか買えない、数量が決められているなどの商品は、お客様の購買意欲を高めます。ぜひ、ご自身の商品やサービスでも取り入れてみてください。

お金儲けの匂い、売ることへの抵抗心との向き合い方

こんなふうに書くと、

「いやいや、さすがにYouTuberがここまでするとファンからドン引きされてしまうんじゃない？」

「お金儲けの匂いがしすぎて、逆にファンが離れていくのでは？」

と疑問に思われる方がいるかもしれません。

しかし、そうではありません。これは、**ファン自身も望んでいる**ことなのです。

あなたがやるべきことのもう1つは、**「付加価値をつけた商品やサービスを売ることに抵抗を持たないマインドを持つこと」**です。

「こんな商品売れないいんじゃない？」「誰がこんなサービスを欲しいと思うんだろう」と思わないこと。**それを欲しいかどうか決めるのは、「ファン」**です。

ぜひこの2つのポイントを改めて認識した上で、P2Cを展開してください。

ファンは「推し活」「推しメン」にとにかくお金を使いたい

私は、P2Cをこれから始めようとしているYouTuberの皆さんの相談にも乗ることが多いのですが、その中で「いやいや、そんなに都合良く高い商品が売れるわけないですよ」「私の商品が本当に売れますかね？」なんてつぶやきをたびたび聞きます。

たしかに、ただ会話したり、サインしたり、イベントを企画したりするだけで、価格が数万円も変わるのですから、「買うわけがない」と思うのも当然です。

事実、その方のファンではない一般人であれば、購入を控えるでしょう。

しかし、**コアなファンだけは別**です。ファンの方々は、とにかく「推し活」「推しメン」にお金を使いたいと思っています。その背景について、もう少しだけ触れておきます。

「推し活」が広まった3つの背景

ここ最近で一気に広まった「推し活」。今や年齢や性別を問わず、多くの世代で推し活はブームとなっています。

ではなぜ、これほどまでに推し活が広まったのでしょうか？

これは個人的な主観ですが、**「コロナ禍」**と**「多様性を認めようとする社会の変化」**、さらに**「ＳＮＳの隆盛」**の３つが大きく関係していると考えています。

これまでのオタク文化は、知識量や経験数で序列が決められるという側面もありました。しかし、この文化は「好き」のハードルを上げてしまい、外部の人間が気軽に入り込めなくなる、閉鎖された空間をつくり出してしまいました。

しかし、時代が変わり、SNS全盛期を迎えた今、自分の「好きなもの」に人生を注ぎ込んでいる熱狂的なファンを見ることができるようになりました。さらに、2020年から始まったコロナ禍が「推し活」の流れを加速。リアルな行動や、人間関係が制限される中、推し活が心の支えになったという人もとても多くなりました。

そうした社会背景もあってか、「推し活」という単語は2021年の流行語の候補になりました。もはや、**推し活は「文化」**として受け入れられています。

つまり「推し活」とは、自分の好きをまわりに気軽に表現でき、しかも限られたコミュニティの中で行なえる、いわば**自己表現**なのです。

「推し活」と「課金」の関係

では、なぜそれが課金につながるのでしょうか？

それは、「推しの活動に直接貢献できる」という実感を得られるからです。

現代はたくさんのコンテンツであふれており、**競争は激しく、コンテンツの新陳代**

謝は加速するという特徴があります。そのような状況を、コンテンツの制作者はもちろん、ファンも理解しています。つまり、**継続的にコンテンツをつくるためには、それを支えるだけのお金が必要であり、そのお金を提供することが推しのためにもなる**と深く理解しているのです。だからこそ、ファンは推しに課金します。

推しは、ファンのその行為に感謝し、ファンと心の交流をはかっています。この「推し活消費」は、多くの企業が注目するような成長を遂げている市場なのです。ファンを持っているYouTuberの皆さんだからこそできるビジネス、それが「Ｐ２Ｃ」です。

複数のタッチポイントで、コミュニケーション頻度をアップ

前項で「コミュニケーションの頻度を上げると、購買につながりやすくなる」とお伝えしました。動画を出すことの他にも、タッチポイントを増やす機会はいくらでも考えられます。ここでは、そのポイントをご紹介したいと思います。

①定期的にライブ配信

まず、YouTuberの方でライブ配信をしていない場合は、**定期的にライブ配信を実施する**ようにしましょう。動画と違ってライブ配信は、「リアル」にファンと交流するチャンスです。

その際、「○○さん、観てくれてありがとうございます～」といった声がけや配信中にもらったコメントを読み上げるなどのアクションが、ファンの心をぐっとつかむ糸口になります。

②オンラインコミュニティをつくる

配信が定例化してきたら、次は「**オンラインコミュニティ」をつくる**ようにしましょう。現在は簡単にオンラインコミュニティを作成できるサービスが提供されています。このようなサービスを活用し、手間をかけずにサッとコミュニティを開設してしまいましょう。なお、**オンラインコミュニティの月会費は、500円程度のワンコイン**がおすすめです。

これは、気軽に参加してもらうという意図があります。

あくまで**この会費は、他のファンと差別化を図るためだけのもの。**「会費で稼ぐ」ことではないことを意識してください。

コミュニティ内では、**ここでしか観られない動画コンテンツ**の他、**シークレットセミナー**や**イベント**を開催します。このセミナーやイベントに参加してくれる方は、あなたの「コアなファン」ということになります。新商品を発売する際の優良顧客になる可能性がありますので、丁寧に接しましょう。

もちろん、ここでも「○○さん、いつもありがとうございます」という1対1の交流は大切です。ファンからすれば、「自分のことを覚えていてくれているんだ！」という感動が生まれ、さらに関係性は深まります。また、その様子を見た他のファンの方も「私も名前を呼ばれたい！」と思い、さらに積極的にあなたにかかわってくれるようになります。

ちなみに、セミナーやイベントを行なう効果は、コアファンとの関係性強化だけに留まりません。**一般的なファンをコアファンへ押し上げるコンテンツとしても活用**できます。

「そこまでこの人のことを好きではないけれど、限定セミナーに興味がある」という潜在的なファンたちを獲得できるチャンスにもなります。

それだけではありません。どのコミュニティにも「楽しそうだから参加してみたい」と思う方は一定数存在します。その方々に対して、「楽しそうな雰囲気」をわかってもらうことができれば、有料コンテンツに参加させる足掛かりにもなります。

こうしたファンの方の声が大きくなれば、SNSでも口コミが広がり、結果的に動画の視聴者もオンラインコミュニティへ参加する人も増えるでしょう。

ファンと交流する窓口をいくつもつくる――。

手間も時間もかかるかもしれませんが、それは、あなたの存在感をさらに高め、大きな反応となって返ってきます。

「動画で取り上げられたいファン」は、行列をつくって待っている

「配信」の話をしましたが、**時代は、「動画から配信の時代」へと移り変わっています**。その背景には、コロナ禍により、急速にオンライン化が進んだ影響があります。その市場規模は、２０２０年から２０２３年の3年間で5倍以上へと拡大。誰もがリアルタイムで双方向のコミュニケーションを取るようになりました。

配信の大きな特徴は、**「スパチャ」**と呼ばれる機能にあります。スパチャとは、お金とともにコメントを投稿し、その投稿を配信する人が読むことです。YouTubeでは、金額によって、そのコメントの色が変わります。

この**スパチャは、ファンの強い支持を集めている文化**です。その理由は、「お金を払って、コメントを読んでもらうこと」にあります。「それだけのこと？」と思われる方もいるかもしれませんが、ファンからしたら、とても魅力的なことです。

何千、何万とファンがいる中で、自分のことを見てくれた、自分のことを認識してくれたという喜びは何物にも代えがたいもの。ひいてはそのことが**「自分が推しを支えている」「推しと同じ世界で生きられている」**という**自己肯定感につながる**のです。

これは、深夜ラジオや雑誌、少年マンガなどにハガキやメールを出した人であれば、想像しやすいかと思います。自分の投稿が取り上げられたら、自分が好きな世界の一員になれたような気持ちになりますよね。それと同じようなことが配信のスパチャでも起こっているのです。

どの時代でも、ファンは好きな世界の一員になりたいものです。そして、その世界の一員になれたという実感は、さらにその人の好きを加速させます。ぜひそのことを意識して、動画や配信でファンとの交流を深めるようにしてください。「取り上げられたいファン」は行列をつくって待っているのですから。

公式販売前の「人数限定・商品お試しイベント」で盛り上げる

ファンの「好き」が生み出す行動は、ビジネス上で大きな影響力を持っていることがおわかりいただけたかと思います。

しかし、その影響力を享受し続けるためにも、YouTuberは**「ファンを飽きさせずに、ずっとファンでいてもらう」努力**が必要、ということになります。

これまで多くのファン心理をくすぐる方法やノウハウをご紹介してきましたが、その方法がもう一つあります。

それは、**商品やサービスを販売する前に、ファンに向けた限定イベントを開催すること**です。

「それは普通のイベントと何が違うの？」と思われる方もいらっしゃると思います。

ではなぜ、「公式販売前のイベント」に効果があるのか、順を追って説明していきます。

そもそも、商品やサービスを販売することは、ファンにとって重大イベントです。

「推しが開発してきたものが、とうとう世の中に出る……！」「いったい完成品はどんなふうに店頭に並ぶんだろう……？」などなど、感想はさまざまですが、いずれにしても、「商品が出る」ということで、ファンのテンションも最高潮となっています。

ましてや、商品ができる様を見てきているのであれば、なおさらでしょう。

この感情の動きをキャッチし、その**「ワクワク感」をさらに高めて上げる**のが公式販売前のイベントです。

公式販売前イベント開催での注意点

公式販売前イベントを開く際に注意したいポイントが大きく分けて3つあります。

①できるだけオフラインにする

1つ目は、販売前のイベントは、できるだけオフラインにすることです。商品やサービスを画面越しに観たり体験したりするのではなく、**リアルに推しと商品に出会う。**これが、ファンにとっては、心に残る感動的な体験になります。さながら好きなアーティストのライブに初めて行くようなワクワク感を味わえることでしょう。

またその際には、**なるべく「五感」を刺激するような仕掛け**を考えましょう。例えば、ノリのいい音楽とともに登場し、聴覚と視覚を満足させる。あるいは、実際に商品を体験できるコーナーを設置し、触ってみたり使ってもらうのもいいでしょう。記憶に深く残すためには、「五感」がポイントです。

②特別感を演出

２つ目は、「特別感を演出すること」です。

「ここでしか味わえない」という思いが大きくなればなるほど、ファンは熱狂的になります。そこでオフラインイベントは、**必ず人数を限定し、開催場所や提供コンテンツ、さらにはお土産に至るまで「自身のこだわり」を入れましょう。**予算が許せば、「非日常」を体験できるような場所、例えば、船上や普段は入れないような企業の貸し切りスペースなどを使うのも一案です。そうすることでコアファンは、「特別だ！」という実感が大きくなります。

「公式販売前のイベントは、より多くの人に体験してもらうほうがいいのでは？」と考えがちですが、実は逆です。人数をある程度絞った上で、忘れられない体験をさせる。そうすることで、ファンたちはより「応援したい」という気持ちに自然となっていきます。少なくともイベントに参加した人は、必ず商品やサービスを買ってくれます。

③手を抜かない

そして3つ目は「手を抜かないこと」です。当たり前のことですが、この3つ目が実は一番重要です。今までは動画や配信といったいわば「オンライン」の中でしか会えなかった人にリアルで会える。それは特別感もある代わりに、ごまかしが効かない、一発勝負のところもあります。もし、このイベントでガッカリさせてしまったら、コアファンは何もいわず静かにあなたから離れていくでしょう。

そういう意味で、この公式販売前のイベントは、**「商品やサービスの売れ行きを左右する超重要なイベント」と位置付ける**べきです。なによりYouTuberの本気度は参加者に伝わります。コンディションを整え、当日は全身全霊で臨むようにしましょう。

この3つの要素がそろえば、コアファンは「最初にこの感動を味わえた」とまるで自分事のようにとらえ、喜んでくれるはずです。ぜひこのイベント実施も検討してみてください。

「ファンとの交流会」の最大のメリットとは？

私はYouTuberの皆さんに「公式販売前のイベント」について、よくよく話しますが、それと同様に**「ファンとの交流会も定期的に開いてくださいね」**とアドバイスをしています。

そういうと、YouTuberの中には「いや〜、手間も費用もかかるし、交流会はやりたくない……」と本音を漏らす方もいらっしゃいます。たしかに、交流会の開催は、時間も手間もそして人件費もかかります。告知をして、企画を立てて、会場を押さえ、必要備品を用意する。

さらに、本業であるYouTubeの動画撮影と商品開発に奮走している状況では、心身ともに大きな負荷がかかると思います。それなのに、イベント単体での収益はそこまで見込めないのが現状です。

ここまで話をすると、「それなら、オンラインでの交流会だけで十分では？」と思うかもしれません。

しかし、再度お伝えします。**ファンとの交流会は絶対に必要**です。
それには、2つの理由があります。

①ファン度を上げる

1つ目は、**あなたに対するファン度を上げる効果**があるからです。もし、あなたにコアファンがいたとしても、それは残念ながら一過性のものに過ぎません。なぜなら、動画やオンラインコミュニティのつながりだけでは、関係性を維持できないからです。

某アイドルグループが握手会をやって毎回ミリオンヒットを出しています。ファンは会ったことがあり声をかけてもらった体験から、さらにコアファンへとなっていきます。つかんだファンを離さない――**ファンの興味関心をこちらに惹きつけ続ける**ためにも交流会は絶対必要です。

②商品の宣伝になる

2つ目は、商品の宣伝になるからです。ファンとの交流会では、物販と呼ばれるグッズ販売が行なわれます。当然、あなたがつくった商品やサービスもここで販売されることになるでしょう。リアルで体験してもらう、そのことにまず価値があります。

そしてここでの購入体験は、積極的にSNSで発信してもらうように呼びかけましょう。そうすると、ファンの多くは購入した商品をSNSで投稿します。この投稿は、**ファン以外の層にも届く可能性があります。**それが、実は大きな宣伝につながるのです。

さらに、**来てくれたファンの方と「商品についてのファンミーティング」を開く**のもおすすめです。そこでファンから商品についての感想や意見をもらえば、それがサービスや商品を改善する際にも役立ちます。こうした声は、オンライン上でアンケートをとるなど、いくらでも集めることができます。

また、時間をとって対面し、「ファンの声を聞く」という姿を見せることは、**ファンに寄り添っているというスタンスを表す副次的な効果**も生み出してくれます。

手間と時間と費用をかけて行なうイベントは、「やる意味あるの？」「大変でやりたくない……」と考えてしまう場合もあると思います。

しかし、実はオフラインでの交流は、それにも勝る効果が得られます。大変であれば積極的に手伝ってくれる仲間をつのりましょう。まさに「ファン交流会」は一石三鳥のイベント。ぜひこちらも覚えておいてください。

月額制オンラインサロンで「一緒に学ぶ仲間」になる

本章の前半で「オンラインコミュニティをつくりましょう」とお伝えし、それは「キャッシュポイントとして考えないでください」ともお伝えしました。たしかに、エンタメ寄りのオンラインサロンであればそういう場合もありますが、実はそうとも限りません。

例えば、**オンラインサロン**に1万人以上の会員がいる有名YouTuberもいます。月額1000円として、年間で1億円以上が入ってくる計算になります。これは一つの大きなキャッシュポイントといっていいでしょう。

さらにタレントや芸能人、有名アーティストになると、オンラインサロンではなく**ファンクラブ**を運営しています。この場合の月額費は、5000〜1万円。しかも会員数が数百万人といるため、年間で数十億円の売上が予想されます。こうなれば、ある程度の人件費をかけてでも、こうしたファンクラブを運営するのは納得できます。

しかし、このような有名YouTuberや芸能人でなかったとしても、オンラインサロンが新たな収入の柱になりえる場合もあります。

それは、**ビジネス系のYouTuber**です。ちなみに私はYouTuberではありませんが、D2C通販に関する動画配信をする「サブスクD2Cオンラインアカデミー」というオンラインサロンを一人で運営しています。

このサービスは、法人向けで月額5万円以上の会費をいただいていますが、参加されている会社は累計で100社以上。累計収益は億を超えました。繰り返しになりますが、私は、タレントでもインフルエンサーでもありません。誰にでも名前と顔を知られている人間でもありません。それでも戦略を練って実行すれば、結果がついてくるのです。

オンラインサロンをつくるときのポイント

それでは、具体的にどのようなことをすればいいのでしょうか？　ポイントはいたってシンプルです。

「ジャンルを絞り、サービスを細分化すること」です。

ジャンルは狭ければ狭いほど効果的です。例えば、スポーツ分野であれば、「陸上」「水泳」「バスケットボール」など、分野を決めましょう。その上で、**ノウハウ提供をメイン**にします。

これは、自身の経験から導き出した法則、例えば水泳なら「クロールの手の掻き方」や「背泳ぎの息継ぎの仕方」、さらにいえば「水着の選び方」という超初心者向けのコンテンツがあってもいいですね。

また、オンラインサロンのサービス内容は、**３つの価格帯を用意**しましょう。

例えば、月額１０００円であれば動画見放題、月額５０００円でオンライン面談、月額３万円で個人レッスンといった形です。

３つの価格帯を用意することで、**利用者に選択肢を与え、納得した上で購入してもらう**という価値を与えます。

また選択肢があることで、関係性が深まれば、高価なサービスへと移行を促すこともできます。なによりビジネス系でオンラインサロンを開設する一番の強みは、「ファン同士、横のつながりができる」ということです。

オンラインサロンに加入する人たちは、たいてい同じような悩みや課題を持っている人たちです。ふたを開けてみたら同業者ばかりだった、ということも十分ありえます。そんな中で**「一緒に学ぶ仲間をつくれる」というのは大きな強み**です。もしあなたがビジネス系のYouTuberだったらチャンスです。オンラインサロンは、大きな収益化の可能性を秘めているのですから。

ちなみに私の「サブスクD２Cオンラインアカデミー」でも３つの価格帯を用意しています。５万円で動画の見放題、月限定5社で月額50万〜１００万円のコンサルティング、さらには、Ｐ２Ｃなどをジョイントして一緒に売上を上げるコースを用意しています。

ジョイントで一緒にやる場合、条件として動画をしっかり理解している方を対象としており、審査制（年３０００万円以上の売上見込みがあるもの）でサービスを提供しています。繰り返しになりますが、実際に億を売り上げる商品やサービスになっています。ジョイントで商品をつくりたい人は、気軽にご相談ください。

「ファンマーケティング」を理解すれば、企業で活かせる

本章では、ファンの心理や、ファンマーケティングの進め方、オンラインコミュニティの活かし方など、「ファン」にまつわるさまざまなビジネス展開をお伝えしてきました。

Ｐ２Ｃを進めていく上で、このノウハウや知識は必要不可欠なものですが、実はこれらは汎用性があります。すなわち、サラリーマンの方が自分の勤務する企業の商品やサービスをＰＲする際にも役立ちます。

企業が商品やサービスを新たに作成し、広めていく際、どんなことが必要なのでしょうか？

ポイントは大きく分けて3つあります。

①無形商品でマネタイズ

まず、御社の商品やサービスの中で、無形商品（スキルやノウハウ）でマネタイズする方法を考えましょう。無形のものなので、すべてが利益となります。

コンサルティング、トレーニング動画、レッスン動画、コーチング、占い、ノウハウ提供動画、カウンセリングなどを考えてみます。

そのときも、必ず低価格帯（エントリーモデル）、メイン商品（看板サービス）、高価格帯（ファン度が高い）という3種類のモデルをつくりましょう。このような場合が考えられます。

【例】スポーツ系】

松：直接指導を受けられる（3カ月30万円）
竹：具体的にメッセージやりとりができる（月額1万円）
梅：コミュニティでスキルなどの定期動画配信が可能（月額1000円）

【（例）筋トレ系】
松：パーソナルトレーニング（3カ月30万円）
竹：食事管理やトレーニングメニューを相談（月額1万円）
梅：筋トレするコミュニティで定期動画配信（月額1000円）

【（例）転職アドバイザー】
松：転職サポート（3カ月30万円）
竹：転職コンサルティング（月額3万円）
梅：無料相談30分（相談3000円）

【（例）企業コンサルティング】
松：個別コンサルティング（月額50万円〜）
竹：企業向けに動画閲覧用のアカウント配布（月額5万円）
梅：セミナーなどオンライン視聴が可能（参加1000円）

②社会的意義を付与する

これは、企業という存在だからこそできるテクニックといってもいいかもしれません。

「直接指導することで体型に合った、動画ではできないアドバイスができる」
「転職相談の○○の部分でつまずく人が多いから、ここを変えていきたい」
「ダイエットは自身の健康だけでなく、家族のためにもなりますよね。だから健康な人を増やしたい」

といった切り口を入れるだけで、「この企業は**自社の利益だけを追求しているわけではないのだ**」ということを明確に理解してもらえます。

③LPをわかりやすく作成する

意外とここができていない企業が多いのですが、ＬＰは次のような順番に沿って作成しましょう。

①問題提起
②親近感・問題の炙《あぶ》り出し
③解決案の証明
④限定・緊急度の提示

この順番で文章を書くことで、**確実に購入確率は上昇**します。実はこのLPも、ファンの心理をつかむ順番になっています。サブスクD2CオンラインアカデミーのLPを例にどんな内容を書いているのかをお伝えします。

◉問題提起

サブスク型では少人数で売上を1億円以上を上げることはできるの？　やっているところはどうやっているか知りたくないですか？

OEM先はどれくらいが適正なの？　サブスク型通販を始めるにはどんなツールが

必要なの？　右も左もわからないで始めたら在庫の山になるかもしれない。もし開始するなら全体がしっかりわかってからスタートしたほうがいいのでは？

◉親近感・問題の炙り出し

実際に私は通販で年間10億円の売上を少人数で達成しましたが、スタートする際には何もわからない状態でスタートしたので本当に大変でした。

それは誰も教えてくれる人がいなかったからです。当時はとにかく試行錯誤の毎日。数百万円の費用を無駄に使ってしまったり、身銭を切ってたくさん失敗をしてきました。

自分が0からスタートしたからこそ、そして**自分で手を動かしてきたからこそ「どこでつまずくのか」がわかる**のです。

自分が通販をスタートするときに教えてくれる人は誰もいませんでしたが、もしあなたがこれを知っていれば、**大幅にショートカットする**ことができます。これは、失敗して倒産する企業をなくすという社会的意義があると思い、私が行なってきたことをすべて動画コンテンツにすることにしました。いきなり専門コンサル会社にお願いしたら、ものすごく高額になります、まずは全体像などを動画でしっかり理解してほしいと思って動画にすべて詰め込みました。ぜひ他社とそのパフォーマンスを比べてみてください。

◉解決策の証明

通販を始めたい、やってきたけど売上が伸びてこなかった、どこが間違っていたのか、費用のかけ方から、収支計画まで、現役の担当者が実際に行なってきた施策などを包み隠さず公開します。

（動画のクオリティを一部公開し、動画を観ることで通販のレベルが一気に上がり成功者が出ていることを示し、**実践者の声を実際に入れる**ことで、自分でもできると感じてもらう）

（書籍やメディアに掲載された実績を示すことで、この人のサービスなら解決できるかもしれないと感じてもらう）

さらに参加者のみに当社が実際に利益をあげているサービスや会社についても紹介することができます。

◉限定性・緊急度の提示

通販を行なっているのに結果が出ない……。それは、もしかしたらやり方が間違っているかもしれません。あるいは、無駄なところに余計なコストがかかっており、時間もお金も損しているかもしれません。

しかし、**間違ったやり方をしていては、いつまで経っても利益は出ない**でしょう。私のアカデミー生からは、続々と成功者が出ており、「受講者からライバルが増えるので新規の生徒の募集を控えてほしい」というメッセージさえいただいています。

正直いつまでアカデミーを開催できるかは未定です、もしかしたら明日には講座の新規募集を閉じてしまうかもしれません。今なら申し込みすれば初月無料でスタートすることができます。

ＬＰの流れを解説しましたが、この流れがすべてです。ぜひ習得してください。

３つのポイントをお伝えしてまいりましたが、これらはすべて「ファンマーケティング」を成功させるために行なうべきことです。

「ファンマーケティングは法人には関係ない」と思っていませんか。実は、そんなことはありません。法人の取引先、その先には必ず「ユーザー」や「ファン」という「人」が存在するからです。

むしろファンマーケティングを学ぶことこそが、成功のカギになるでしょう。ぜひその意識を持って、ファン心理を改めてとらえ直してみてください。

第7章

商品プロデュースは全部外注できる

最初の商品の売れ行きが、その後を左右する

一般的にオリジナル商品やサービスを開発するには、専門的な知識やスキル、あるいは、一定の資金が必要になり、開発のハードルは高いものでした。

しかし、YouTuberやインフルエンサーであれば、ファンの声を参考に商品やサービスをつくることができるので、会社員や個人事業主などよりも開発のハードルは低いということはお話ししてきたとおりです。

しかし、商品を開発したからといって、それが売れるかどうかはまた別問題です。たしかに、どんな商品を開発したとしても、購入してくれるコアファンはいるでしょう。しかし、その売上がある程度なければ、当然ですが、キャッシュポイントにはなりません。

また、最初に開発した商品が売れなければ、ファンから「魅力のない商品」というイメージがついてしまい、次の商品開発への影響が出てきます。実際、1発目の商品

がコケてしまって、次の商品化が難航するケースは多く見かけます。これはなんとしても回避しなくてはなりません。

「いやいや、様子を見ながら少しずつ取り組んだほうがリスクも低いのでは？」と思われるかもしれません。

しかし、最初にヒットを飛ばせれば、その波に乗って商品を出しやすくなります。当然、売上も増えていきます。「次につなげやすくする」という意味でも、最初の賞品やサービスには全力投球が必須です。

渾身の商品を出すためのチームづくり

では、どうすれば渾身の一品が出せるのでしょうか？　そのためには、「チーム」を組むことです。

例えば、開発のためのマーケティング。ファン層からのデータを取る場合、当然YouTuberでもできます。しかし、**プロのマーケッターに任せるのと任せないのとでは、その後の対応策に天と地ほどの違いが出てくる**でしょう。

なぜなら、マーケッターはヒット商品を開発するプロだからです。どのようなホームページをつくればいいのか、どのような商品名にすればいいのか、どのような時期に販売すればいいのか。効率的に販売するためのスキルを備えているため、ヒットを打てる確率が格段に上がります。

また、商品販売後の改善ポイントなどもデータから分析してくれるでしょう。**「餅は餅屋」**ではありませんが、やはり確実な売上を見込むには、専門家の意見が必須です。

「そうはいっても、結構な費用がかかるのでは……」と思われる方もいるでしょう。たしかに、費用は発生します。

しかし、もし**商品が安定的に売れれば、その費用はすぐにペイできます**。これまでもお伝えしてきたように、P2Cの商品は、年間で数億円の売上につながるケースも少なくありません。月々の費用が発生したとしても、十分に元が取れます。

現に、実際に売れているP2Cの商品は、**プロモーションや商品等の撮影を専門家に任せているケースが多い**のです。実際に当社でのP2C商品の裏方で商品企画などの業務もしているのですが、爆発的なヒットを上げています。

もちろん、プロのマーケッターは裏方のため、大々的には表に立ちません。しかし、商品開発の司令塔として、獅子奮迅の働きをしています。

さらに、商品が安定的に売れれば、在庫管理・商品管理・売上管理をしなければなりませんが、これらもすべて外注でまかなうことができます。というより、むしろ**在庫管理などは、品質面などを担保するためにも、絶対に外注化すべき**です。

YouTuberの方の強みは、ファンがいることとプロモーションに強みを持っていることです。ぜひその強みを最大限に活用するためにも、**商品開発や実際の商品の発送などの業務はプロに任せる**ようにしましょう。現在、すべて外注化することが可能で、数名で売上1億円を超えることはできてしまいます。

実際に私は社員1名で10億円以上売り上げています。今外注できるインフラが整っているので、それが実現できてしまいます。

各専門家に外注したほうがいい理由

巷で売られている商品や、ECなどで販売されている商品を見ると、当然ながらクオリティの高いものが多いですよね。そういったものを見て、「実は商品開発って思った以上に工数が発生するのでは……」と考えている人もいるでしょう。

たしかになんの知識もなく、もしあなた一人で開発に臨む場合、莫大な時間とコストがかかるでしょう。有識者と呼ばれる人に話を聞いたり、書籍で勉強したり、トライ&エラーを繰り返して、より納得のいく商品をつくり出したり……。実際、商品が出来上がるまでの道のりは、非常に険しいといわざるを得ません。

しかし、**実は商品開発と商品販売に関するフローでさえも、ほとんど外注**することができます。そうすれば、あなたにとっての作業はほぼ発生しません。

「それはたしかに楽だけど、外注するとコストがかかるじゃん」と不安になる方もいるかと思いますが、実は、開発からプロと一緒に商品アイデアを出し合いながら進めるといい商品が出来上がり、クオリティもいいものが出来上がって、最終的な売上に大きく貢献してくれます。しかも、P2Cビジネスは、利益率が高いという特徴を持っているため、**ビジネスが軌道に乗れば**、**すぐに回収**できます。さらに、ヒット商品を世の中に生み出すことができれば、新しい商品のラインナップを増やし、売上拡大戦略をとることができます。当社でも多くのヒット商品を生み出しています。気軽にご相談ください。

動画づくりと発信に専念して純利益数千万円

では、実務を外注する代わりにYouTuberは何をすればいいのでしょうか？

具体的には、「商品の動画もしくは商品の紹介動画をつくる」ことと、「自身のチャンネルで商品開発過程をしっかり発信する」ことです。

つまり、普段の活動と近い領域で商品販売に携わるということです。YouTuberの方にはファンがついています。そのため、動画を出すことでの宣伝効果は絶大。どんどん売上が伸びていきます。

「そんなにうまくいくの……？」と疑問に思われるかもしれませんが、この本でお伝えしているビジネスの基本を押さえれば大丈夫です。

何回も繰り返しお伝えしていますが、YouTuberは、商品を購入してもらうための「認知」を確実にとることができます。それは、普段の活動で自身の顔が見込み客に知られているからです。

売れる商品開発のステップ

しかし、商品の販売は、宣伝だけでは成り立ちません。商品開発におけるステップを踏み、成功へと導く必要があります。

では、商品はいったいどんなステップを踏んで、出来上がっていくのでしょうか？YouTuberが実際にこの工程に携わることはありませんが、商品が出来上がるまでの流れをここではいったん押さえておきましょう。

まず、商品開発のフェーズでは、メーカーを探し、デザインを含めて設計を行ないます。

一度商品案が固まったら、試作品を作成。実物を見て、さらにあれこれ検討します。試作を何回か繰り返して、納得できるものが完成したら、次は数量と納期を決定し、それに沿って工場側が商品をつくります。

こうして納期どおりに商品が運ばれてくると、今度は販売のフェーズです。受注を受けるためのサイトや、そのための人員、さらに注文を受けて発送を行ない、お客様に商品が届くのです。

簡単にご説明しましたが、これだけでも「結構やることが多いな」と思われたかもしれません。しかし、安心してください。今や、Ｄ２ＣやＰ２Ｃは成長市場。各フェーズでさまざまな知見を持った専門家がいます。

商品開発には、いろいろなプロセスがありますが、実はその手間をショートカットする方法があり、あなたが思う以上に手間はかかりません。ぜひ**専門家を頼り、雑務を任せつつ、動画づくりに専念**してほしいと思います。むしろそうすることがキャッシュをつくることにつながります。

私も実際に裏方としてヒット商品をプロデュースしていることがあります。もしかしたら、あなたが普段使っている商品も、当社が裏方で開発からかかわっているものだったりするかもしれませんね。

「めんどくさいので、丸投げでやってほしい」でもOK

ここまで商品開発の方法についてお伝えしてきました。「それならやってみよう！」と意欲的な考えをお持ちの方もいれば、「難しそうだからやめておこう……」と考える方もいるかもしれません。

一歩踏み出せない人のポイントとして、「初期投資にいくらかかるのか、さらにどこで製造し、どこから発送するのかなど全体像がわからない」ということが挙げられます。

何も知らないまま、やみくもにビジネスをスタートするのはリスクがあります。そこでまずは全体像をしっかり理解すること、そして**「小さく始めること」が重要**です。

実は、数十万〜数百万人の登録者数を持つトップYouTuberも、チームを組んでミニマムな商品製造体制をつくっています。商品開発の段階では、商品をまだつくらずに、予告販売にしてファンを待たせておくこともできますし、クラウドファンディングのような形でスタートをすることもできるからです。チームを組み、どうやって販売していくか。それらをプロのマーケッターに任せれば、商品開発動画の再生数や反応で、どれくらい売れるかが予想できるため、無駄な在庫を抱える必要もありません。

さて、売上が右肩上がりになると、P2Cビジネスでは、あとからいわゆる「めんどくさい業務」が大量に発生します。

例えば、注文を受けるコールセンターをつくれば、スタッフ募集が必要になります。同時に倉庫を探し、配送業者と契約しなければなりません。また、日々の売上管理、メールでのサポートも必要になります。

それは、あなたが日々生きているYouTubeの世界とは別世界の作業です。こうした管理に時間を取られれば、YouTuberとしての活動が思うようにできないかもしれません。また、このようなルーティン業務に携わることで、YouTuber活動継続のテンションが落ちてしまえば、それこそが大きな損失になります。

そこで結論を先にお伝えします。こうした**動画作業以外のいわゆる嫌なことは自分では対応せず、一括で外注する**ようにしましょう。

あなたがYouTubeで活躍できるのは、クリエイティブな才能をお持ちだからです。そのため、そのクリエイティビティを発揮できる環境づくりをしましょう。生産管理・在庫管理・売上管理などの顧客対応は、「不得意分野」と決めて、自身で手を動かさない。それが成功のカギになると、私は確信しています。

ちなみに、私の経営している「サブスクD2C総研」は商品企画のサポートを代行し、「Telemarketing One」では、カスタマーサポートを代行しています。サポートさせていただいているお客様は、順調に数千万円を超える売上を達成しています。

商品を販売した後の**アフターケアは、サブスクビジネスを展開する上で外せない要素**です。

このように、YouTuberの商品開発やビジネスをサポートするサービスはいくらでも存在します。あなたというブランドがより輝くためにも、ぜひ「外注化」を検討してみてください

ビジネスの基本がわからずにスタートせず、きちんと流れを理解してから外注化をすることをおすすめします。「サブスクD2Cオンラインアカデミー」では、ビジネ

スの流れとキャッシュフローの流れについて包み隠さずに紹介しています。そのため、実際に生徒さんの中から**P2Cで成功している方が多数出ています**。何事もそうですが、知らないことは、まず理解してからスタートするのが鉄則です。「サブスクD2Cオンラインアカデミー」をぜひ参考にしてみてください。

商品があっても、コールセンターがないと売れない

なぜ私が、ここまで外注を強くおすすめするのか。それは、実際に成功したYouTuberを見ているから、というのもありますが、**「商品を継続して販売を続けるのは、簡単ではないから」**が大きな理由です。

もちろん、あなたのファンはあなたの商品を望んでいます。そのため、1回（売り切りのグッズなど）であれば、商品を購入してもらうことは難しくはありません。

しかし、私がおすすめしているビジネスは「サブスクP2C」になります。すなわち「継続性」が何よりも求められます。そのためには、一度契約してもらったお客様

を満足させ続け、さらに新しいお客様を獲得しなければなりません。

しかし、ここにサブスク商売の難しさがあります。

実は**一度不満を覚えたお客様は静かに離れていってしまう**のです。しかも、その不満は多くのお客様にも共通する場合が多いもの。1人、2人……と離れる人数が少ないときには気づかないのですが、その数はいつの間にか数百人へと拡大。サービスそのものが継続できなくなることもあります。

それを防ぐためには、どのような方策を設ければいいのでしょうか？　そのために重要なのが、**直接お客様の対応をする「コールセンター」**です。

「え？　インターネット全盛のこの社会にコールセンター？」と思う方もいらっしゃるかもしれませんね。

しかし、ちょっと調べてみてください。**継続した商品販売をしている企業の圧倒的多数が、コールセンターを備えている**ことがおわかりいただけると思います。

もちろん、それにはいくつか理由があります。

商品を購入してくれる方の中には、電話の注文のほうが安心と考える方も多くいらっしゃいますし、申し込みしたあとにわからないことがあれば、電話で聞きたいという方も多くいます。インターネット全盛のこの社会において「コールセンターがある」ということで、お客様から評価されることもあります。

実は、コールセンターのメリットはお客様側だけにあるものではありません。なぜなら、**会話の中にこそ顕在化しにくい不満点や改善点が眠っている**からです。

ある商品を販売した場合で考えてみてください。実は、商品を購入してくれるエンドユーザーと直接話をする機会はそう多くありませんよね。しかし、もしその声を聞けたならどうでしょう。メーカー側が気づかないような問題点や改善点を指摘してもらうこともできます。

それによって**商品をアップデートできれば、顧客満足度は間違いなく向上**します。おそらく一生付き合ってくれる顧客へと成長するでしょう。また、その対応に満足した顧客が口コミで商品を広めてくれる可能性もあります。

実際、ＳＮＳで「商品へのクレーム対応が早かった」という投稿を見ることがあります。その投稿は、いわゆるバズを起こしていることも少なくありません。顧客対応の良さが宣伝につながっている代表例といえるでしょう。

これまでに私が携わってきたビジネスの中には、**コールセンターを設置しただけで**

月商が10倍以上も上がったケースがあります。電話で顧客の声を集められるコールセンターは重要なのです。

サブスクビジネスは、倍々ゲームで売上を増やしていくことが可能です。そのゲームをクリアするには、泥臭く顧客をサポートしていくことが求められます。P2Cのビジネスにおいても、攻守に優れたコールセンターを必ず設置するようにしましょう。

美容系商品・サプリメントは、最低ロットなど、素人にはハードル高め

サブスク×P2Cでビジネスを展開する場合、ヒットしやすいジャンルは決まっています。それが、**「美容やサプリメント」**といった健康に関連したものです。

本書の中でも述べましたが、私が一人で開発し、最初にヒットを飛ばした「炭酸シャンプー」もこのジャンルの商品でした。

このジャンルが売れる理由は、2点あります。

1つは、**「ペルソナの不満を解決できる商品である」**ということです。人は「異性にモテたい（見た目が良くなりたい）。健康になりたい。若々しくいたい」という欲望を持っています。炭酸シャンプーの場合には抜け毛やくせ毛の悩みにフォーカスした商品でした。つまり、不満（コンプレックス）を解消するために、「お金を払ってもいい！」と考える人をターゲットにしたということです。同じ悩みに悩んでいる方はあなたが思っている以上に多いのです。

もう1つは**「使い続ける必要がある」**ということです。シャンプーやサプリや化粧品は、いわゆる消費財です。使ったらなくなりますが、効果を出すためには、使い続けなければなりません。もし効果に満足していただけるのであれば、ずっと契約してもらえるため、安定的な売上につながります。

プロと組むと得られる、意外なメリット

これらの商品を開発するには、専門のメーカーへ製造を依頼する必要があります。いわゆる「ＯＥＭ」です。「ＯＥＭ」とは、自社のブランド商品をプロの工場へ製

造をお願いすることです。スーパーやコンビニで売られているプライベートブランドの商品を思い浮かべるとイメージしやすいと思います。

しかし、OEMする際に忘れてはいけない点があります。それは、**「依頼先（製造工場）もビジネスで商品の製造を請け負っている」**ということです。つまり、あなたからの依頼を受けて、利益を出す必要があるわけです。

利益を出すには、**ある程度のまとまった数量が必要**です。美容やサプリなどの商品であれば、最低ロットがいくつ必要であるなどの条件をつけているところも多くあります。

これは、ゼロからビジネスを始めるYouTuberにとっては障壁となります。特にYouTuberの方が最初の取引をすると、前払いを要望されることがあります。経験がないと、やはりそのあたりがハードルになります。

ただし、当社も含めたプロのマーケッターのいる会社では、必要ロットを要求されなかったり、**支払いを納品後にすることができたりとリスクを最小限にする**ことができます。

これもまた、**プロと組むメリットの一つ**といえます。「製造する工場側もプロが一緒にマーケティングにかかわってくれるなら、リピートの注文もあるだろうから」と支払い方法などにも融通が利いたりするのです。

幸いにもあなたはYouTuberとして動画の制作に慣れているかと思います。また、固定のファンもお持ちでしょう。それらをフル活用しながら、ビジネスをスタートさせましょう。

なぜあのチャンネルのサプリは、爆発的に売れるのか？

美容系やサプリなどの健康に関する商品は、ヒットにつながりやすいとお伝えしました。実は、私たちがサポートしている商品でも爆発的に売れている商品があります。では、どうしてそれらの商品が売れるのか？

もう少しそのカラクリについて、説明させてください。

これまでの市場に、スポーツに効果のあるサプリはたくさん販売されてきました。にもかかわらず、今もずっと売れ続けているサプリがあります。そのサプリはスポーツで使う筋肉に効果があるとされているものです。
スポーツによって、必要な筋肉は異なりますよね。

例えば、マラソンであれば持久力を支える筋肉が必要です。しかし、サッカーの場合、90分を走りきりながら、ドリブルをしたり、ダッシュをしたりと瞬発的な動きを支える筋肉が求められます。バスケットであれば、ストップ&ゴーの動きが多くなりますし、テニスでは、左右へのダッシュが非常に多くなります。

「筋肉」とひと言で申し上げても、目的によって使う筋肉は異なります。

この専門性が求められ、ジャンルを細分化し、それぞれのスポーツで使う筋肉に効果があるサプリを開発。

それを実現できたのは、スポーツで使う筋肉に関する専門チャンネルを運営していたからです。つまり、チャンネルの**ファンの方たちの声を聞き、そのニーズに合った商品を開発**したのです。このような専門性の高い商品は、ユニークであり、ファンにも刺さります。

さらに、使った方々はスポーツ仲間もお持ちなので、効果があれば、その輪の中で商品が広がっていきます。中学校や高校での部活動を思い出していただけるとわかりやすいかもしれません。プロテインやスポーツに使う道具など、評判のいいメーカーが見つかると、その部活内で流行っていませんでしたか？

このように**専門性が高く、ニーズにマッチした商品であれば、必ず売れます。**他にも、バスケットやバレーボールなど長身が有利なスポーツであれば、身長を伸ばすためのサプリや商品が売れています。

スポーツといっても、**専門性の切り口はさまざま**です。

例えば、筋トレチャンネルを運営していたと仮定しましょう。男性でボディビルダーのような体型を目指している方、痩せマッチョを目指している方、女性でスレンダーを目指している方では、必要な商品が変わってきます。専門性の高い商品は、いわば「ブルーオーシャン」といっても過言ではありません。付加価値も高まりやすいため、利益率も見込めます。ぜひチャンネルの方向性を見ながら、できるだけ専門性の高い商品を手がけるようにしましょう。

スポーツチャンネルで売上が上がっている商品

実は、スポーツ系のチャンネルは、P2Cで成功しやすいジャンルの一つです。スポーツといっても、ボクシング、筋トレ、ジョギング、ダイエット、サッカー、バスケ、野球、登山……。ジャンルは山のように存在します。先ほども申し上げたように、スポーツ系のチャンネルではサプリやプロテインは売れやすい商品です。

これらの商品は、**使い続けていると効果が上がりやすい消費財のため、非常にサブスク型のビジネスと相性がマッチ**します。しかも、スポーツというジャンルは、派生商品をつくりやすいという特徴を持ちます。

例えば、ボクシングであれば、グローブやサウナスーツ、通気性のいい下着、かっこいいジャージなどを展開できます。サッカーでも同様です。

機能性に優れたソックス、シュートがうまくなるトレーニングボール、柔軟性をアップする器具など、高価な商品を開発しやすいといえるでしょう。実際に、多くのスポーツチャンネルは、登録者数が数十万人もいなくても売上を伸ばしています。それは、商品販売による収益が多大な貢献をしています。

スポーツ系YouTubeチャンネルで陥りやすい罠

しかし、スポーツ系のYouTubeチャンネルなどでは陥りやすい罠があります。それは、よくある商品でさらに長持ちしてしまう系の売り切り商品に手を出すことです。例えば、先ほどのサウナスーツや下着などです。

もし持っていない人であれば、おそらく購入しますが、もし持っている方であれば購入しません。また、仮に購入したとしても数年持つため、継続的な売上にはつながりにくいのです。サッカーのソックスも同じ理由で、継続的な売上にはつながりにくいといえるでしょう。ソックスは消費財ともいえますが、一度購入すると1年以上持つケースもあります。また、悩みを大きく解決するような商品でもありません。

おそらくリピートにはつながりにくいでしょう。

もし、リピートがない場合、どうなるか。常に新規顧客を探し続けなければなりません。それは、疲弊もしやすく非常に難しくなります。

では、それを防ぐためにどのようにしたらいいのでしょうか？

私はやはり、**消費財などサブスク型の要素を織り込める商品を開発すべき**だと考えています。アパレルやグッズに手を出す人がいますが、おすすめしていません。理由は、常に新商品を出さなければ、何度も買ってくれないからです。

やはりおすすめは、最初に例として挙げた**サプリやプロテインなどの消耗品で再度購入してくれるもの**がいいでしょう。シャンプーや化粧品も同じで気に入った商品をずっと使うのでおすすめです。

商品を気に入ってくれれば、**ユーザー（ファン）は、定期的に購入してくれますし**、その売上は、あなたのキャッシュポイントとなります。

その収益があれば、動画の再生数を気にして常に悩むという不安がなくなり、さらにファンが喜ぶような動画をアップすることができるでしょう。

まずは、継続的なビジネスを展開するためにも、**収益の土台をつくる**ようにしましょう。購入者のメッセージを話題として取り上げたり、購入者へ感謝のメッセージを伝えることで双方の交流も増して、どんどんいい循環になっていくはずです。

YouTubeショートに商品名を載せるだけで売れる

昨今のYouTubeは、ショート動画の台頭が激しいと、これまでにもお伝えしてきました。手軽に観られるショート動画は、キャッチーさがあれば、すぐに100万回以上再生されます。しかし、その広告単価は非常に低い、というのもお伝えしたとおりです。

また、ショート動画に慣れたユーザーは、通常の動画を観なくなりつつあります。通常の動画による広告収益を目的に活動しているYouTuberにとって、ショート動画は、目の上のたんこぶとも呼べる存在でしょう。

しかし、そんなショート動画も、商品を販売する上では強い味方になります。なぜなら、ショート動画は、ユーザーにとって観やすいコンテンツだからです。また、YouTubeのおすすめ欄にも現れやすく、商品の宣伝をする上ではうってつけの配信形態です。

ショート動画をつくるときのポイント

では、ショート動画をつくる上で押さえるべきポイントはあるのでしょうか？
もちろん、情報をスライドショーのように見せる、センセーショナルな（感情を揺さぶる）構成にするなどはあります。しかし、**最も重要なのは「商品名」**です。キャッチーかつ競合製品で使われていない名前をつけるようにしましょう。その理由は、**指名検索でしっかりヒットさせるため**です。

YouTube上にはいろいろなコンテンツが存在します。もし、他の商品名がかぶってしまったら、後発のあなたはそれを乗り越えるために、動画を伸ばすための施策を打たなければなりません。これは時間もコストも無駄になります。ぜひ他の商品とかぶらないように細心の注意を払いましょう。

そして、商品名を決めた後は、**後発の競合対策**が必要です。しっかり**商標を取る**ようにしましょう。これで、あなたの商品はショート動画で宣伝するための土台が整います。

もちろんショート動画だけでは、宣伝は不十分です。そのため、しっかりと商品の機能やメリットを紹介する動画は、本編の動画で配信してください。

つまり、ショート動画は、**商品名の認知度を高め、興味を持ってもらい、本編へ送り込むための装置**として利用するのです。

ショート動画で名前を覚えてもらえれば、検索エンジンから検索をして商品ページにたどり着きます。ショート動画は、認知を獲得するために利用するという意識を持つようにしましょう。あなたというYouTuberを知ってもらうためのツールというスタンスで取り組めば、必ず反応も変わってくるはずです。

ブランドイメージを左右する「お客様対応」こそ、プロに任せよ

あなたは、レストランやホテルに行ったときに、その対応でサービスの善し悪しを判断することはありませんか？

もしサービスが良ければ、「さすがこのレストラン！」と満足し、もし味が良くてもサービスが悪ければ、「ここを選んで失敗した」と不満を抱くでしょう。このように**「お客様対応」が最もブランドイメージに寄与する**のです。

例えば、ミシュランのお店なら味は文句のつけようがないわけですが、口コミ評価で最低評価の1がついていることがあります。

星1がついたコメントを見てみると、その90％以上がお客様対応に対するクレームです。つまり、どのようにお客様対応をするかは、Ｐ２Ｃビジネスにおいても、非常に重要な要素になるといえます。

この顧客対応について、真面目な方であれば、「商品の開発した自分がすべて対応すべき」と考える方もいるかもしれません。その真摯な対応はとても立派です。

しかし、その考え方だと失敗する確率が格段に上がってしまうでしょう。

なぜなら、**接客もお客様対応も、プロが行なったほうがより良い印象が与えられる**からです。さらに、すべてのお客様の対応を一人で行なうのは現実的に不可能なこと。総合的に考えて、専門スタッフが対応するほうが圧倒的に良い印象を持ってもらえるのです。

では、顧客対応でどんなケースが考えられるのでしょうか？

例えば、商品を発送したときに、途中で商品が壊れてしまうようなケース。誠意を持って謝罪し、別の商品を送りつつ、配送業者に状況を確認しなければなりません。しかも、スピード感を持ってすぐに対応しなければならず、**1秒の遅れがブランドイメージの毀損につながります**。顧客対応について失敗はできないのです。

これがもし商品を開発する途中であれば、失敗したとしても、お客様にデメリットではないため、大きなダメージにはなりません。開発エピソードの一つとして、ファンも楽しんでくれるでしょう。

しかし、商品を購入した後のトラブルは別です。対応を失敗すると、不満に思い、大きなクレームへとつながり、解約されてしまいます。また、ネガティブな口コミも増えてしまうでしょう。**一つのクレーム対応が、事業を失敗へと導いてしまう**こともありえます。

しかし、これが接客やクレーム対応のプロであれば違います。

リスク管理をしながら、しっかりクレームにも向き合うことができます。また、**ク**

レームは、お客様の声を集めるチャンスです。しっかり対応すれば、「丁寧！」という評価につながり、顧客満足度を向上させることもできます。

クレームが、財産になるか、負の遺産になるかは、対応者次第。プロであれば、正しく対応することができます。

ご自身の得意分野を活かすためにもぜひ、顧客対応の最前線はプロに任せるようにしてください。それが、成功を左右するもう一つのポイントです。

第8章

サブスクP2C事業でYouTuberが陥る罠

相場感がないので、OEMメーカーのいいなりになってしまう

ここまで、P2Cビジネスがもたらす可能性についてお伝えしてきました。「これなら自分でもできそう」と思ってくださった方もいらっしゃるでしょう。

しかし、ちょっと待ってください。実は**P2Cを進めていく際に陥りがちな「落とし穴」が存在**します。この落とし穴にはまってしまうと、事業の障害になるどころか、継続も危うくなってしまいます。

そこで本章では、YouTuberが陥りがちな失敗例とその原因をお伝えしたいと思います。

P2Cビジネスでもっとも多い失敗例が、**「原価が高くなってしまう」**ことです。

これにはいくつか理由があります。

あなたが商品をつくる場合、必ずOEMメーカーに依頼することになります。この

とき、**メーカーはまず間違いなく相場よりも高い価格で見積りを提出**してきます。考えてみれば当たり前のことです。相手も商売ですから、1円でも高く売りつけたいのですから。

さて、一般的なビジネス展開であれば、見積り内容を精査し、相見積りを取得するものですが、初めてビジネスに取り組む場合「せっかくのご縁だから……」「他のメーカーと同じ話をするのも手間だし」と考え、**交渉せず言い値で契約してしまう**のです。

原価を高くすると、当然ながら、商品の利益を圧迫します。結果的に少ない利益しか得られません。当たり前のことですが、**OEM会社は、ビジネス素人の方へは基本的に「最初に利益を取ろう」と考えがち**です。

なぜなら、初回の注文で次の注文が入るかわからず、さらに、初回は手間もかかるのでどうしても原価を高くしてしまうのです。一方、リピートで何度も売っている実績があるプロの会社が商談すれば、「何度も買ってくれるはず」と相手も納得するため、原価が大幅に下がります。

そのため、**「ビジネス初心者は相場もわからないまま商談をしない」**ことを私は強くおすすめしています。右も左もわからないとメーカーのいうことがすべて正しいと判断してしまうからです。

まだまだある初心者が陥りやすい罠

いわば「OEMメーカーのいいなり」になってしまうケースは他にもあります。例えば、**商品の具体的な内容をよく検証せずに受けてしまい、売れない商品をつくってしまう**ケース。

これらは、知り合いや展示会で名刺交換した業者に依頼する場合によく起こりうるようです。当たり前ですが、売れなければ在庫の山になってしまい、最終的にはお金をかけて処分しなければいけないという悲惨な結果を招いてしまいます。

こういったミスマッチを防ぐためにも、商品製造の際には、金額面、また内容面とともに**必ず数社から相見積りを取るか、専門家のアドバイスを受けながらプロジェクトを進行する**ようにしましょう。

次に多いのが**適正な数量を発注できない**場合です。第7章で「商品を注文するには、最低数量の単位が必要」とお伝えしました。

しかし、P2Cのビジネスモデルは、まだ一般的ではありません。そのため、大手や老舗のOEMメーカーに依頼してしまうと、初期ロットでは5000〜1万ロットからなど、多くの発注をお願いされてしまいます。

もし、ロット数を交渉せず、メーカーのいうままに受け入れてしまうと、思ったように売れずに在庫の山が積み上がるのは必至です。

しかも、大量に商品をつくると、初期投資額が多くなるため、初期費用を回収するまでに時間がかかりすぎたり、最悪のケースでは初期費用を回収できない危険性もあります。

当然ですが、商品を売らなければ黒字にはなりません。そのため最初は、**ロット数を少量でも受けてくれる企業を探し、ビジネスをスタート**しましょう。

このようにP2Cビジネスには「落とし穴」がたくさんあります。しかも、あなたが発注する相手は、すべて「初対面」の企業で、取引を進める際、不明点も出てくることでしょう。

しかし、「右も左もわからない初心者である」ことを業者にあまり悟られてはいけません。

「初めて取引するから何もわからないだろう」と相手に主導権を握られてしまうと、言い方は悪いですが、向こうの思うつぼでビジネスが進んでいってしまうからです。

また、数は多くないものの、どの業界にも**悪徳業者**は存在します。

そして、それらの企業は非常にプロモーションには長けており、「初心者の匂い」を逃しません。こうした悪徳業者にひっかかってしまうと、商品製造すらままならないという事態に陥ります。

罠にひっかからないための対策法

こうした失敗を防ぐためには、

◎初めての経験だと相手に悟らせないための相場感や全体像を理解しておく。
◎理論武装して、こちらから条件を突きつけるくらいのマインドを持つ。
◎原価率などをしっかり理解した上でOEMが得意な業者を紹介してもらう。

ことが大切です。

といっても、経験もなしに交渉を進めるのは簡単ではありませんよね。

そのため、可能ならOEMメーカーともやりとりがあり、実績のある会社に一任するほうが結果的に安心だといえます。

こういったトラブルに巻き込まれないために、「サブスクD2Cオンラインアカデミー」で原価率の話やロットの話、また信頼できる業者などのご紹介を行なっています。

何も知らない状態でビジネスをスタートするほど危険なことはないからです。

売りっぱなしだと、クレームの数が蓄積していく

サブスク型のビジネスは、戦略を練り、軌道に乗せられれば、雪だるま式に収入が増えていきます。実際に1商品で億を超えることもできるだけでなく、収益も安定するビジネスです。

しかし、ビジネスの仕組みを理解せずにやみくもに販売すると、負債だけが残るという事態に陥ってしまいます。

それを防ぐには、やはり販売するだけではなく、「売ったあと」のことも考えなければなりません。その一つが**カスタマーフォロー**です。

どんなに優れた商品であっても、クレームは一定数発生します。しかし重要なのは**「クレームを放置しない」**ことです。すぐに誠実に対応することが大切です。売った分に対する顧客対応がしっかりされていない場合、大きなクレームにつながります。

すぐにクレーム処理をしないばかりに、SNSなどで悪い口コミを書かれ、それが

波及して「商品が売れない」という最悪のシナリオを引き起こしてしまうこともあるからです。

サブスク型の通販では、配送に関する問い合わせ、また商品を欠品しないように在庫管理をしっかりしておく必要があります。

例えば、在庫がなくて届かない、商品納品が間に合わずに指定日までに配送が間に合わない、商品が指定日と間違って届くなどなど……。サブスク型のビジネスにおいて、**商品の発送に関するトラブルは特に迅速に処理**しましょう。

まだ、このようなことが初回発送時に起これば、挽回の余地はありますが、契約途中でこのような事態が発生すると、あなたの信用は一気になくなってしまいます。ユーザーは次々に解約。それに比例して売上は減少します。

初めてP2Cビジネスを行なう場合、**「在庫切れ」には特に注意を払いたい**ものです。P2Cで取り扱う商品は、サブスク契約で「継続して使用する」商品です。さらにいえば、使い続けてこそ効果が現れる商品も少なくありません。もし必要なときに手元になかったら、お客様はどう思うでしょう。

「せっかく毎月契約しているのに不便すぎる」「問い合わせするのもめんどくさいし、

やめてしまおう」と一気に不信感を抱いてしまいます。

実際、P2Cビジネスでうまくいきそうだったにもかかわらず、在庫切れが続いてSNS上で炎上し結果、ビジネスをやめざるを得なかったケースもあります。それくらい、在庫切れは避けなければならないのです。

理想的な在庫確保数

では、サブスクP2Cビジネスにおいて、いったいどれくらいの在庫量を確保しておかなければならないのでしょうか？

商品の内容によって変化するため一概には言えませんが、まず覚えておいていただきたいのは、**「必要な商品数は倍々ゲームで増えていく」**ということです。

新規顧客が増えれば、既存顧客の商品に加えて、新規顧客の分を製造する必要があります。しかも、商品製造には3カ月前後のリードタイムがあるため、もし売れ出してから商品を増産しても間に合いません。そのため、在庫をどれだけ確保しておくか、シミュレーションすることが重要になります。

では、実際に次の条件で生産数量をシミュレーションしてみましょう。

◎継続率80％、離脱率20％。
◎毎月新規でお客様を100名ずつ獲得。
◎製造リードタイムは発注から3カ月。

【毎月の出荷数】

・1カ月目100個
・2カ月目180個（100個＋80個）
・3カ月目244個（100個＋80個＋64個）
・4カ月目295個（100個＋80個＋64個＋51個）
・5カ月目336個（100個＋80個＋64個＋51個＋41個）
・6カ月目367個（100個＋80個＋64個＋51個＋41個＋31個）

このように100個しか売らない計画の商品でも、半年後には3・5倍以上の数量をつくらないといけなくなります。仮に初回ロット1000をつくった場合、今回のケースでは2カ月のスタート時点で次の発注をしていないと納品が間に合わず、欠品を起こしてしまうでしょう。5カ月目には欠品となり、これではビジネスが止まってしまいます。

「だったら、たくさん在庫を持っていればいいのでは？」と思われるかもしれません。しかし、これは半分正解で、半分不正解です。たしかに、在庫を大量に抱えていれば、欠品トラブルは防ぐことができるでしょう。

しかしその一方で、代金先払いである商品の過剰在庫は、あなたのキャッシュフローを確実に圧迫します。もし大量に売れ残れば一転、負債へと変化し、そもそもビジネスを続けられなくなってしまいます。やはり「適切な量」を確保しておく、これが最も重要です。

おさらいですが、自己資本、商品製造までのリードタイム、継続率のバランスを見ながらどれだけ商品をつくるべきか、シミュレーションすることが求められるということです。

なお、当社ではそういった方へ原価の相場感やどのタイミングで発注するのか、どういった仕組みにすればいいのかを「サブスクD2Cオンラインアカデミー」の動画内で教えています。また、商品のマーケティングや企画、商品の販売にも一緒に取り組んでいますので、興味を持たれた方はぜひチェックしてみてください。

たった1つの書き込みで売上が1000万円ダウン

SNS全盛の今、人々の口コミはとても大きな影響力を持っています。もしSNSなどで好意的な口コミが広がれば、どんどん認知が広がり、その商品を必要としている人の元へ届けることができます。

さらに、好意的な口コミが多ければ多いほど、「いい商品だ！」と判断し、それを見た人が商品を購入するハードルは下がるでしょう。

しかし、これは裏を返すと、悪い口コミの影響も大きくなっていることでもあります。さらに、悪い口コミの場合、たった1つの投稿が致命傷になる危険性もあります。私の知り合いで、1つの投稿がきっかけで予想売上が1000万円下がったという人を知っています。

いったいどうしてこんなことが起こるのでしょうか？

それは、**「ネットで商品を購入する」ことに一定の警戒心を持っている**からです。インターネットで商品を購入して「残念だった」という経験をほとんど誰しも持っています。そのため、悪い口コミ評価が多いと、購入を控えてしまうのです。

悪い口コミの書き込みに対抗する方法は、一つしかありません。

それは、**購入する人のことを第一に考えて商品を開発、改善し続ける**ことです。地道な作業になりますが、これしかありません。ましてや、「たった○○カ月で○○を全員達成できる」というような誇大広告を発信することは絶対に避けなければなりません。

たしかに強い言葉は、悩みがある人に対して強い訴求力になりますが、100人中100人に成果を出させることはできません。そうすれば、あなたの商品は「できなかった」「詐欺だ！」と強く非難されてしまうでしょう。

そのため、**「必ず」「全員」「絶対」などの言葉は使わず、「目指す」などの言葉を使うなど商品説明で効果的な広告表現も学んでおく**といいでしょう。ちなみに広告には、法律的な制限などもあります。広告関連で得た知識はその後、商品説明文やＬＰをつくる際にも決して無駄にはならないはずです。

自分の発信内容にも要注意

もちろん、商品企画～販売に至るまで自身のＳＮＳでの発信内容にも注意しましょう。特にYouTubeでは、他社商品に関してネガティブなことも動画で発信し、コンテンツにする場合があるかもしれません。

しかし、商品開発や販売に関して**他社商品に対してネガティブなことを発言したり、他社商品と比較してライバル商品を悪く言ったりするのを控える**ことをおすすめします。

前述したとおり、ＳＮＳの時代において、一つのネガティブな書き込みは悪影響を及ぼす可能性が高いからです。しかも、あなたには多くのファンがいらっしゃると思いますが、一方でアンチも少数ながらいるはずです。アンチの方々は、あなたの言葉尻をエビデンスとして、問題の箇所を切り抜きしたりして悪い評判を拡散し、ダメージを与えようとします。そのため、SNS上では商品開発や販売のトピックを詳しく発信するのもできれば避けたほうがいいでしょう。

もし、商品制作の進捗状況を報告するのであれば、**すぐには拡散しないYouTubeチャンネル限定で発信**しましょう。また可能なら発信の際にはプロモーションに詳しい専門家のアドバイス等を受けることも検討してみてください。

チームでビジネスをしないと、疲弊してジリ貧になってしまう

サラリーマンを経験したことがある方であれば、一度は仕事で疲弊してボロボロになったことがあるでしょう。仕事が集中し、一人で複数の仕事に取り組んでいるうちに、新しい仕事が飛び込んでくる。一つひとつの作業が雑になり、トラブルが発生。

それらを解決しているうちに、受けた仕事をこなすことができなくなってしまう……。まさに悪循環というべき事態ですが、実は、このような悪循環は、P2Cビジネスでも発生する場合があります。

その**大きな原因は、「ビジネスを一人でスタートさせていること」**です。しかもYouTuberがこの悪循環に陥ってしまうと、会社員と比較して桁違いのダメージを受けることになります。会社員であれば、仕事が回らなくてもまわりの人間やチームがカバーしてくれるため何とかなりますが、個人で活動している場合はそうはいかないからです。

「いやそうはいうけれど、ビジネスをスタートした段階では、採算がとれるかどうかわからないから一人でやるしかないでしょう」

「最初は顧客も少ないから、軌道に乗り始めてからチーム制にすればいいのでは？」

そう思う方もいらっしゃるでしょう。

もちろん顧客が少なければ、この体制でも十分に対応可能できると思います。しかし、P2Cビジネスは、可能性の大きいビジネスです。「とりあえず始めよう」とスタートを切ったときに、思った以上に引き合いが多いケースもあれば、途中から急加速するケースもあります。

急加速したけれど、一人でビジネスに取り組んでいるため、手が回らず完全に業務はストップ。販売数量に対応できず、どんどん顧客を失い、最終的には、商品が在庫の山になり、失敗に終わってしまう……。

これは、何も脅かすために言っているのではありません。実際、そうやってビジネスをやめていった人を多く見てきたからです。

成功するためには、販売数量の増加を見込み、最初からチームを組まなければいけません。

少なくとも、**「どこに何を外注できるのか」を知っておく**ようにしましょう。「忙しくなってから誰かに任せよう」ではなく、「このくらい売れてきたらこれは外注しよう」「これは自分でできそうだ」というような形で知っておくと、精神的にもかなり楽になります。実際に外注をうまく使い、1名で数億円売り上げている方はたくさんいます。

特に顧客対応は、専任のチームをつくりましょう。例えば、コールセンターやカスタマーサービスがそれにあたります。ここを押さえておけば、顧客の不満や疑問を即座に受けとめ、迅速な対応をすることができます。また、シンプルなQ＆Aに答えるために、よくある質問に対しての回答を公式ホームページに設置することで問い合わせも減ります。商品の使い方も動画でホームページに載せておくのもいいでしょう。

動画を制作する場合、チーム制で対応している人も多いかと思います。それと同じように、**商品販売もチーム制で取り組む**ようにしましょう。

なによりあなたが守らなければならないのは、**「顧客の信用」**です。顧客の信用に応え続けられる仕組みづくりを目指していきましょう。どんなにいい商品でも顧客対応が悪ければ最低の口コミがついてしまいます。

しかし、顧客対応がしっかりしていれば「顧客の信用」を確実に築くことができます。そうすれば商品は次から次へと売れていくでしょう。このいいサイクルを目指すことがとても大切です。

HIKAKINもぷろたんも、「人気すぎて在庫切れ」のクレーム

ここまでお伝えしたように商品販売には、さまざまなリスクがあります。その中でも、見落としがちなのが、**「人気が爆発したことによる在庫切れ」によるリスク**です。

商品が売れない場合は、販売戦略を見直すなど対策がとりやすいのですが、一方で売れすぎたときの在庫切れリスク管理はコントロールが難しいものがあります。

それは、トップYouTuberであっても同様で、こうした在庫切れがしばしば社会的な混乱や転売なども発生してしまうケースがあります。

例えば、HIKAKINさんが手がけたカップラーメンの「みそきん」は、予想以上に売れてしまい、コンビニでは手に入らなくなりました。ファンは購入することができない状態になり、買い占めた転売ヤーたちがメルカリなどを使用して高額取引を行なうというねじれ現象が発生してしまいました。

もちろんHIKAKINさんほどの実力者であれば、すぐに対応策を打ったり、リカバ

リーのための戦略なども所属事務所が一緒になって考えてくれるでしょう。

ただし、多くのYouTuberはそこまでの対策はできません。それどころか**「商品が手に入らない」という転売へのマイナスイメージが販売元へと転嫁され、ブランド力低下へとつながってしまいます。**打ち手を間違えれば、ブランドごとなくなってしまうでしょう。こういった状況を防ぐには、やはり事前の準備と計画が肝心です。

「転売はたしかにまずいけれど、商品が間に合わないのだから仕方ないのでは……」と思われるかもしれません。

しかし、そういったあなたの「無策」が、ファンそのものを失ってしまう、としたらどうでしょう。「やはり何らかの対応策を考えなければ」と思うはずです。

さらにいえば、あなたが手がける商品は、ストーリーを経て出来上がった一つの作品でもあります。いわば商品の購入は、ファンの方たちにとって、そのストーリーの最終回という建て付けでもあるのです。

それなのに、もしドラマの最終回を味わえなかったら、いかがでしょうか？　不完全な気持ちになるでしょう。これまで期待していた分、失望感も大きくなってしまうでしょう。

しかし、です。ここで気持ち良く購入体験を届けられれば、あなたの好感度は向上し、「次の商品も応援しよう」という意識に必ずつながります。今後のビジネスを構築していくためにも、**商品を届けられないことは、全力で避けなければなりません。**

そのためには、あなたにどのようなファンがいるのか、そのファンは何を欲しているのか、告知動画はどれくらい再生されているのか？

こういった**データをもとに販売数量の見込み精度を向上**していきましょう。

「永久に食べ放題」の「できない約束」をして大炎上

陥りがちな罠として、もう一つ代表的なのが**「できない約束」をファンの人たちに提供してしまう**ことです。

商品を販売する上で最も重要なのは、「約束を守る」ことです。例えば、期日どおりに商品を届けること、クレーム対応を行なうこと、問い合わせにきちんと応えることなど、基本的なことが重要なのです。

「そんなの当たり前じゃないか！」と思われる方も多いでしょう。しかし、最初は丁寧に取り組むものの、思うような結果が出なくなると、基本的なことを疎かにしてしまいがちです。その挙句「儲けの施策」に走ってしまうのです。なお、ここでいう儲けの施策とは、**一発で大きな効果を出すような施策**です。

例えば、「億の売上を出すために、永久コンサルの商品を出そう」「コアなファンにグレーな方法を高額商品として販売しよう」など、**顧客を考えない戦略**がこれにあたります。

こんな施策を打ったが最後、ビジネスはそれっきりになると覚悟したほうがいいでしょう。万一、運良く当たったとしても、2回目、3回目への発展は見込めません。

SNSなどで炎上してブランドイメージが底に落ち、ビジネスはもちろんYouTuberとしての活動を終了させなければならなくなる可能性もあるでしょう。炎上をして活動停止になったYouTuberが多数いることからもわかると思います。

1つの施策であまりにも失うものが多いのです。**「できない約束は顧客にしない」**これは当然の理です。

こういった「無茶な施策」の代表例として過去には、「永久に食べ放題ＯＫ」などのサブスクを展開する企業もありました。しかし、不確定な未来を考えると、無理があることは明らかです。現に途中でサービスを終了し、炎上案件へと発展してしまいました。

ビジネスを続けていくコツ

では、どのようにビジネスを続けていけばいいのでしょうか？

まずは、内容を考えるというより、**資金面をいかにショートさせないか、逆算の発想を持ちましょう。**

例えば、事業計画をしっかり立て、資金調達のプランを考える。私はよく皆さんに**「初期費用５００万円を元手に長く続けるための方策を立ててください」**とお伝えしています。資金面がクリアになると「それならどんなビジネスができるか」が明確になります。

そして、資金をもとに小さくビジネスをスタート。将来を見込んで必要な役割は外注し、宣伝動画をしっかりとつくり込んでいきます。派手にプロモーションだけに大きなお金をかける、立派な事務所を構える、専用のスタッフを雇用するなどは、最初のうちはいっさい必要ありません。

「無駄な固定費をかけない」

これがとても重要です。「この人件費は必要かどうか？」「外注できないか」を考え、**なるべく固定費にせずに変動費でまかなう**ようにしましょう。長く継続できるように工夫し、積み重ねていければ、やがて大きな収入へとつながるはずです。

そして何より**「一見客より一生客」という意識**を持ち、お客様も満足度があるサービスや商品を提供し、しっかり事業として利益が出て継続できるものをビジネスとして長期的な視点で取り組むことが大切です。ＷＩＮ－ＷＩＮの関係があるビジネスが基本であるのはいうまでもありません。

やみくもに新規フォロワーを増やしてはいけない

商品を販売するときには、自身の知名度が重要になります。そのため、コラボや露出を増やし宣伝に力を入れる方も多いでしょう。しかし、ここで手を出していけないことがあります。それは、**「話題性があり再生数も回るが炎上の可能性があるもの」**と**「やみくもに登録者稼ぎをすること」**の2つです。

例えば、世間を騒がすようなニュースは、視聴者の関心も引きやすいですし、それを題材に動画をアップすれば確実に話題になるでしょう。しかし、私は**どんなニュースでも取り上げるのは「諸刃の剣」**だと思っています。もちろん、普段からそれに関連した動画を出すなどして取り扱いに慣れているのであれば別ですが、そうではない場合、手を出さないことをおすすめします。

というのも、ニュースは一つの題材に対して、必ず「白か黒か」意見が割れます。さらに、ニュースに対する投稿が過熱しSNS等で炎上することも考えられます。たしかにそうすれば、YouTubeチャンネルの登録者数が増え、あなたの知名度は上がるでしょう。

しかし、**そうやって増えた人たちは「ファン」ではなく「野次馬」**に過ぎません。当然ながら野次馬の方々は、商品を購入してはくれません。それどころか、あなたの商品があることを知ると、粗を見つけて書き込みをしたり、ＳＮＳやYouTubeのコメント欄を荒らされる危険性もあります。そうなると、あなたが築いた世界観は一気に崩れてしまうでしょう。さらに言えば、あなたが持っている商品のブランドイメージも悪くなってしまうかもしれません。

「アンチなんて無視すればいい」と思われる方もいるかもしれません。しかし、あなたの世界観が崩れると、あなたを大切にしてくれているファンも去ってしまいます。最近のファンは、こういったコメント欄が荒れることに敏感です。**話題性や一過性でチャンネル登録をしてもらったファンは増えても、売上に影響はない**と考えるべきなのです。

これと同じような理論で、過激な動画をアップして人々の興味をひき、やみくもに登録者数を増やす、というのもやめましょう。話題になったりして一時は登録者数が増えますが、こちらも本当のファンとはいえません。

ではどうすればよいのでしょうか？　もうここまで読み進めてくださっている方ならおわかりですね。

自身の軸からブレない動画をコツコツ投稿する。配信を強化して、ファンとのコミュニケーション密度を上げる。そして、攻めの一手として**同じジャンルのコラボレーション企画**などを手掛ける。その際できるだけ近い業界の人やあなたと仲のいい人であれば、特に相乗効果を見込めるでしょう。

また、コラボ動画を撮ると、「こんな動画が観たい」「○○とコラボしてほしい」などの声も上がると思います。そういった「ファンの声」にじっくり耳を傾けながら、動画の種類を増やす。これが一番の近道です。

結果、**既存ファンとの信頼度は高まり、さらには新しいファンも引き寄せる**でしょう。そうやってできた新たなファンはきっと、あなたの声を真剣に聞いてくれる「コアなファン」になっていくはずです。

興味本位で近づいてきた1万人よりもコアな100人を大事に。ぜひこのことを心に留めておいていただければと思います。

資金ショートを防ぐには「財務戦略」が必須

ここまでサブスクビジネスで陥りやすい罠について説明してきましたが、やはり多くのYouTuberが陥りやすいのが、**「資金ショート」**です。そこでこの項目では**「資金ショートを防ぐ方法」**をお伝えしたいと思います。

そもそもなぜ、資金ショートに陥るのでしょうか？

そこにはYouTuber事業とP2Cビジネスの明確な違いがあります。そもそもYouTuber事業は、外注費用はかかるものの仕入れがないのですから、ほとんど原価はかかりません。

最初こそ収入はゼロですが、軌道に乗り、チャンネル登録者数が増えれば、定期的に収入が入ってきます。その収入をもとに、チームを組み、動画をあげる頻度を増やし、さらに広告収入を増やしていくのが、YouTuberとしての王道です。

しかし、商品を販売するビジネスの場合は、そうはいきません。**最初に資金を投入し商品を開発・製造し、販売しながら回収していくビジネス**です。つまり、YouTuberが個人ビジネスとしての特色が強い一方で、P2Cビジネスは企業としての特色が強くなる、ということです。この点が理解できず、資金ショートに陥ってしまうのでしょう。

ビジネスとして勝つためには、**財務戦略**が必要です。黒字倒産という言葉があるように、ビジネスとして黒字でもキャッシュが回らなければビジネスは破綻《はたん》します。どの程度の資金を投入し、いつ回収できるかを計算しつつ、資金ショートによる倒産を防がなければなりません。特にビジネスをスタートさせるとき、あなたは名もなき一人の事業者です。商品を製造する会社とは、おそらく代金先払いの契約を結ぶことになるでしょう。

そして、商品ができるのは数カ月後、完売するのはさらに数カ月後です。そうなれば、「毎月何個つくって何個入れてもらうのか」を交渉したり、「来月これだけ必要なので入金額はこれだけにしてください」という支払いの調整も必要になります。

さらに商品に関していえば、「いきなり100%の機能を持った商品」をつくる必要もありません。**まずはミニマムな機能をつけて、テストスタート的に始めて徐々に機能を充実させていく**ほうが購入者の満足度も上がります。

テストを完了した上で、改めて本命の商品を売り出すくらいでもいいのです。間違っても、いきなり商品開発にすべての自己資本を投入したり、ブランドイメージにこだわりすぎて原価を高くしてしまったりすることは避けましょう。**スモールビジネスこそがP2Cビジネスの勝ち筋**です。

サブスクは融資のハードルが低い

さて、そういったスモールビジネスをしていても、予想以上に売れすぎて商品の仕入れなどの資金繰りが困難な場合が出てくるかもしれません。

ですが、心配はいりません。**サブスクビジネスは先の読めるビジネス**であるため、**金融機関はしっかりと融資をしてくれます。**すでにリピートしてくれているお客様がいるので、融資のハードルはものすごく下がるのです。

他のビジネスと違い、すでに実績で証明できるので、すぐに融資などが引けるのがこのビジネスの最大の強みといってもいいかもしれません。

それと同時に、**協業先と支払条件を交渉しながら、資金投入から回収までのサイクルの見直しをしてもいい**と思います。すでに売れていてリピートしてくれるお客様がいるという実績があれば、商品が売れることがわかるので、ＯＥＭ先などは納品後の後払いにも応じてくれるようになります。そのため、キャッシュフローはどんどん安定します。

また、資金のない状態でも、開発に向けた動画である程度の見込み客がいれば、一定の売上予測は立ちますから、**クラウドファンディングなども行ない、認知を広げながら資金を確保する**こともおすすめです。

大事なことは、**いきなりビジネスの手を広げすぎない**こと。資金確保を行ないながら、それを元手にビジネスを育てていくという認識を持つようにしましょう。小さく始めて軌道に乗ったら少しずつ規模を拡大していくことができる、これがサブスクＰ２Ｃなのです。

実際に私も一人で何十億円という商品を販売してきました。きっとあなたにもできるはずです。この書籍があなたの不安を取り除き、あなたの視聴者もハッピーになれる世界が来ることを心より願っています。

なお、当社は、商品企画から販売、顧客サポートまで、Ｐ２Ｃビジネスをトータルサポートできる、唯一の上場企業です。

せっかく世の中にすばらしいクリエイティブなコンテンツを提供しているのにもかかわらず、稼げないがゆえにやめてしまうことは大きな社会損失です。そして何より、あなたのコンテンツを楽しみに待っているファンがいらっしゃいます。

その期待に応えるためにも、稼ぎ続けてコンテンツ提供をし続けてほしいのです。ファンやフォロワーがいるのに、稼げないがゆえにやめてしまおうと思う前に、ぜひ当社にお気軽にご相談ください。このページにあるＱＲコードからアクセスしてみてください。

おわりに

本章では、多くのP2C事例をご紹介してきました。「これならできそう」と思えたものもあったのではないでしょうか？

繰り返しになりますが、**「小さく始める」「チーム制で始める」**というのは、サブスクP2Cでは特に重要なことです。

例えば、私の見てきたお客様の中には、1000円の有料コミュニティの運営を開始し、収益を確保しながら、その中で商品化を行ない、億を超える大きな収益を得ている方もいらっしゃいます。

このように最初から商品を販売するのではなく、まずは**「サービスを提供する」**ということでも十分活用できます。

また、あるお客様では、YouTubeを採用活動に利用しています。一般的に、人材の採用には数百万円の広告費が必要になるといわれています。しかし、そのお客様はYouTubeで自社の会社の宣伝や理念の説明などを行なっているため、基本的に広告費はかかりません。

また、動画を何本も出すことで、より自社にマッチした人が応募してくれるのだそうです。結果的に意欲の高い人材を獲得しているといいます。

サブスクP2Cとはちょっと離れてしまいますが、**「継続的に費用を抑えられる」**という点でYouTubeの可能性を感じていただけるのではないでしょうか？

私が改めてサブスクP2Cの可能性を感じている2つの理由があります。

1つは、**「消費者が個の力を求めている」という時代背景**です。テレビやラジオの影響力が縮小し、「テレビは観ない、置かない」という若い世代が増え、YouTubeをはじめとする動画サービスを視聴するのがスタンダードになりつつあります。「自分の好きなコンテンツを観る」のと同様に「マイナーな商品であっても、自分が本当に欲しいものを買う」「本当に推したい人を推す」ということは決して珍しいことではなくなりました。

大衆向けではない、自分の気持ちや好みに合ったコンテンツが欲しい。それは、「個人の力」でしか埋めることはできないでしょう。だからこそ今、「個人のビジネス」を展開するべきなのです。

そしてもう1つは**「人々が心のつながりを欲している」**ことにあります。

現代は、ＡＩの時代といわれています。たしかに、対話型ＡＩは私たちの暮らしを格段に便利にしました。そう遅くないうちに、単純作業や商業的な業務はＡＩに取って代わられるでしょう。

その一方で機械的なやりとりが社会に増えるからこそ、人々は手触り感のある個人と個人のコミュニケーションを欲しています。

例えば、昨今は年賀状を書かない時代になりましたが、その代わりにＬＩＮＥやメッセージをもらうとうれしいものです。また、会って話したり、一緒の時間を過ごせる「リアルイベント」に出かけていく人も多いでしょう。オンラインでもイベントに参加することはできますが、やはり会場に行くまでのドキドキ感やその場の雰囲気は何物にも代えがたい「体験」となっているはずです。

むろん、あなたが生み出す「コンテンツ」は機械的なものではなく、唯一無二のものです。ＡＩなどに取って代わられるものでもありません。こうしたものに人々は熱狂し、惹かれるのです。

そうしてできたつながりをぜひ大切にして、一生客にしていきましょう。信頼を積み重ねることによって、よりファンの方々の笑顔を増やし、それが結果的にいいスパイラルを生んでくれるはずです。

この書籍をきっかけに、多くの方を幸せにするきっかけを与えられたらと思って筆を執りました。一人でも多くの方を笑顔にするサブスクＰ２Ｃビジネスを、ぜひ今から始めてみませんか？

いつかどこかで、あなたにお目にかかれることを楽しみにしています。

２０２４年3月

新井　亨

【著者プロフィール】

新井 亨（あらい・とおる）

株式会社 RAVIPA グループ代表取締役社長。サブスク D2C 総研株式会社代表取締役社長。株式会社 Telemarketing One 代表取締役社長であり、P2C ビジネスプロデューサー。
年商 100 億円以上の企業のサポートも行なうサブスク D2C 業界の第一人者。埼玉県生まれ。University of Wales MBA 卒業。北京へ留学し在学中に貿易会社事業などで起業。その後北京へ渡り、不動産、美容、貿易など複数ビジネスを成功させた連続起業家である。帰国後、上場企業などの相談役などを経て、オリジナルブランドを立ち上げ、販売開始から 8 カ月で月商 1 億円を突破。商品開発からクリエイティブの作成、CRM まですべて自社で行なうなど、圧倒的な成果を収める。そのノウハウと実績を活かして、集客・運用・CRM について上場会社とのセミナーを全国で行なっている。2022 年から YouTuber をはじめとするインフルエンサーに対して P2C による商品プロデュースのサポート事業を行なっており、チャンネル登録者数平均 10 万人の YouTuber を平均 5000 万円以上のマネタイズ成功に導いている。D2C・P2C 事業のクライアントのマネタイズ実績は累計 100 億円以上。月 5 万円のサブスクビジネス講座の塾長も務めている。2024 年 1 月、株式会社 RAVIPA が東京証券取引所プロマーケット市場へ新規上場を果たす。多くの YouTuber から圧倒的な支持を受けている。

◆株式会社 RAVIPA　https://ravipa.co.jp/
◆株式会社 Telemarketing One　https://telemarketing-one.com/
◆サブスク D2C 総研株式会社　https://subsc-d2c.com/

99％が知らない
SNS の新しい稼ぎ方

2024 年 4 月 23 日　初版発行

著　者　新井　亨
発行者　太田　宏
発行所　フォレスト出版株式会社
〒 162-0824 東京都新宿区揚場町 2-18　白宝ビル 7F
電話　03 - 5229 - 5750（営業）
03 - 5229 - 5757（編集）
URL　http://www.forestpub.co.jp

印刷・製本　日経印刷株式会社

ISBN978-4-86680-270-1　Printed in Japan

99%が知らない
SNSの新しい稼ぎ方

読者の方に無料
特別プレゼント

「P2C」ビジネス
バカ売れ商材事例集

（動画ファイル）

著者・新井 亨さんより

本書でお伝えした「P2C」ビジネスにおいて、これまでにバカ売れした商材事例を解説した動画を無料プレゼントとしてご用意しました。ぜひダウンロードして本書と併せてご活用ください。

特別プレゼントはこちらから無料ダウンロードできます↓

http://frstp.jp/araitoru2

※特別プレゼントはWeb上で公開するものであり、小冊子・DVDなどをお送りするものではありません。

※上記無料プレゼントのご提供は予告なく終了となる場合がございます。あらかじめご了承ください。